Gerhard Bergmann

Christentum und Sozialismus – unvereinbar?

Hänssler-Verlag
Neuhausen-Stuttgart

CIP-Kurztitelaufnahme der Deutschen Bibliothek:

Bergmann, Gerhard:
Christentum und Sozialismus, unvereinbar? / Gerhard Bergmann. –
2. Aufl. – Neuhausen: Hänssler, 1979.
(TELOS-Bücher; 1146: TELOS-Paperback)

ISBN 3-7751-0407-0

TELOS-Paperback 1146
2. Auflage 1979

Umschlaggestaltung: Daniel Dolmetsch, Neuhausen-Stuttgart
Gesamtherstellung: St.-Johannis-Druckerei, 7630 Lahr 12
Printed in Germany 16460/1979

Meinem langjährigen
Mitarbeiter und Freund
Wilfried Reuter

Die unausweichliche Frage

Im Jahre 1975 sagte der damalige amerikanische Außenminister Henry Kissinger: »In zehn Jahren wird Europa sozialistisch sein.« Der Sonderberater von Präsident Nixon, Charles Colson, eine Hauptfigur im Watergate-Skandal, sagte auf einer Deutschlandreise im Gespräch zu uns, Kissinger hätte wiederholt die Meinung geäußert, Europa könne noch früher sozialistisch werden – vielleicht schon in fünf oder sechs Jahren.

Welche Folgen hätte solch eine Entwicklung? Bedeutet ein sozialistisches Europa eine Bedrohung oder eine Ausweitung der Freiheit? Gäbe es dadurch mehr Gerechtigkeit oder weniger?

Und wie ist es mit der Sogwirkung? Würde ein sozialistisches Europa ein sozialistisches Afrika nach sich ziehen? Welche Auswirkungen hätte dies für Südamerika, für die arabische Welt?

Wie verhalten sich auf diesem Hintergrund Christentum und Sozialismus zueinander? Werden sie sich gegenseitig befruchten oder bekämpfen? Sind sie überhaupt miteinander vereinbar? An der Antwort auf diese Fragen hängt Entscheidendes. Das Schicksal von Millionen Menschen ist damit verknüpft.

Ich schreibe dieses Buch als Christ, für den es kein Freund-Feind-Denken gibt. Es ist der Gesprächsbeitrag eines überzeugten Demokraten.

Die Beziehung zwischen Christentum und Sozialismus ist zweifellos ein Problem von historischem Rang und von globaler Bedeutung. Können wir in dieser Beziehung aus Vergangenheit und Gegenwart für die Zukunft lernen?

»Christentum und Sozialismus« ist eins der wichtigsten Themen unserer Zeit. Bei dem Versuch, diesen Problemkreis aufzuarbeiten, habe ich mich um größtmögliche Sachlichkeit bemüht. Ich habe versucht, die geistigen Wurzeln der Vergangenheit freizulegen, die Gegenwart zu verstehen, aber auch: nach vorn zu sprechen.

Die Frage, in welchem Verhältnis Christentum und Sozialismus zueinander stehen, geht uns alle an. Wir müssen Rede und Antwort stehen.

Gerhard Bergmann

5884 Halver in Westf., im Juli 1978

Inhalt

1. KAPITEL

Die verschiedenen Antworten

Christentum und Sozialismus sind vereinbar

Es gibt unter uns Personen und Kreise, die es als eine historische Aufgabe ansehen, Christentum und Sozialismus miteinander zu vereinigen, weil sie von der geistigen Vereinbarkeit dieser beiden Größen grundsätzlich überzeugt sind.

So gibt es in unseren Tagen die Vereinigung »Christen für den Sozialismus«. Auf ihrem ersten lateinamerikanischen Kongreß 1972 in Santiago/Chile heißt es im Schlußdokument im Blick auf die Christen: Aus allen Mitkämpfern sollen »Genossen und Verbündete einer gemeinsamen revolutionären Sache« werden. Dies berichtet das Buch »Christentum und Sozialismus« mit seinem eindeutigen Untertitel »Vom Dialog zum Bündnis« (Seite 27, herausgegeben von Dorothee Sölle und Klaus Schmidt).

Helmut *Gollwitzer,* Professor für Theologie an der Freien Universität Berlin, zitiert in seinem Buch »Forderungen der Umkehr« u. a. zwei programmatische Aussprüche. Der erste ist von dem Sozialdemokraten Adolf *Grimme,* der von 1930–1932 preußischer und von 1946–1948 niedersächsischer Kultusminister war:

> »Sozialisten können Christen sein; Christen müssen Sozialisten sein.«

Das zweite Zitat ist von Karl *Barth.* Diesen Satz hat Karl Barth bereits am 14. 2. 1915 vor Schweizerischen Sozialdemokraten in seinem Vortrag über »Krieg, Sozialismus und Christentum« gesprochen:

> »Ein wirklicher Christ muß Sozialist werden (wenn er mit der Reformation des Christentums Ernst machen will). Ein wirklicher Sozialist muß Christ werden (wenn ihm an der Reformation des Sozialismus gelegen ist).«

Zu diesen beiden Sätzen stellt H. Gollwitzer fest:

> »Das Wort Sozialismus hat bei aller Weite Bestimmtheit genug und bei aller Bestimmtheit genug Weite, um jene Sätze zu christlich möglichen, ja notwendigen zu machen« (H. Gollwitzer, Forderungen der Umkehr, Beiträge zur Theologie der Gesellschaft, 1976, S. 177).

Denn die »Reformation des Christentums und die Reformation des Sozialismus« sind nach H. Gollwitzer »ein und dieselbe Sache«. In der Zeitschrift »Evangelische Kommentare« vom Mai 1973 meint H. Gollwitzer: »Wir sollten uns freuen, wenn Christen und Pfarrer in die DKP hineingehen, sofern ihr politisches Urteil ihnen das nahelegt.«

Karl *Barth* vertrat die Vereinbarkeit von Christentum und Sozialismus auch in seinen späteren Jahren. Er schreibt:

> »Wer den Kommunismus nicht will – und wir wollen ihn alle nicht –, der . . . stehe für einen ernsthaften Sozialismus« (K. Barth, zitiert bei E. Busch in: Karl Barths Lebenslauf, S. 396). Aus diesem Grunde wurde Barth im Jahre 1931 Mitglied der SPD.

Gleichzeitig warnt er aber vor einem Antikommunismus. Antikommunismus rechnet er zum »kalten Krieg«. So schreibt er: *»Ich halte den prinzipiellen Antikommunismus für das noch größere Übel als den Kommunismus selber* . . . Hatte man vergessen, . . . daß nur der ›Hitler in uns‹ ein prinzipieller Antikommunist sein kann? . . . Ich denke . . ., daß es Auftrag der christlichen Kirchen gewesen wäre, . . . durch ihr überlegenes Zeugnis vom Frieden und von der Hoffnung des Reiches Gottes zur Hilfe zu kommen« (a. a. O., S. 397). Darin folgt ihm sein späterer Schüler Eberhard *Jüngel.* »Muß man . . . Antikommunist sein? Ich behaupte: auf keinen Fall! Ist Antikommunismus auch nicht die Grundtorheit unserer Epoche, wie Thomas Mann meinte, so doch eine ausgesprochen politische Torheit« (Müssen Christen Sozialisten sein? Herausgegeben von W. Teichert, 1976, S. 116). Dieser Lehrer an der theologischen Fakultät in Tübingen meint in bezug auf den Sozialismus:

> »Der Sozialismus ist eine, aber nicht die einzige Möglichkeit, die Welt . . . freier und gerechter zu machen« (a. a. O., S. 116).

Da er diesen Satz als Christ schreibt, steht auch hinter diesem der Gedanke, daß Sozialismus und Christentum eben doch vereinbar seien.

Wird hier der Sozialismus noch als eine Möglichkeit unter anderen angesehen, »die Welt freier und gerechter zu machen«, so bleibt im folgenden gar keine Auswahl mehr. In einem Offenen Brief vom 15. Juni 1974 schreibt *Pastorin* Edda *Groth:* »Der einzige Ausweg aus dem gegenwärtigen System und seinen Mechanismen heraus ist der Weg zum Sozialismus, wie er uns beispielsweise im Aufbau des Sozialismus in China gezeigt wird« (E. Groth: Offener Brief in epd-Dokumentation Nr. 32/1974 vom 8. Juli 1974, S. 48).

Die Evangelische Studentengemeinde in München ist der Überzeugung, daß der Sozialismus »die dem Evangelium gemäßere Gesellschaftsordnung« sei. Vom 27. September bis 3. Oktober 1968 kamen in der Stadt Celle 60 Theologie-Studenten, Vikare und Pfarrer zusammen. Dort kam es zu der nach dem Ort benannten »Celler Konferenz«. Auf der im März 1969 stattfindenden »2. Celler Konferenz« mit ihren ca. 200 Teilnehmern hieß es in ihrer Verlautbarung:

> ». . . In Zukunft wird man nie wissen, ob nicht im schwarzen Rock ein Roter steckt . . . Wir sind linke Theologen, die sich zusammenschließen, um in der Kirche Raum zu schaffen für ihre revolutionäre politische Tätigkeit. Sozialisten aller Landeskirchen, vereinigt euch!« (Artikel: »Partisanenstrategie« in Radius, März 1969, S. 48). Hier sprechen sich vorwiegend junge Theologen nicht nur für die Vereinbarkeit von Sozialismus und Christentum aus, sondern sie *fordern* sogar entschieden den Sozialismus.

Nun könnte jemand einwenden, hier handle es sich um eine zahlenmäßig kleine Gruppe. Das stimmt, soweit es die Organisation und Mitgliedschaft betrifft. Aber ein Blick ins Nachbarland **Frankreich** zeigt folgendes:

Auf dem 20. Kongreß der französischen *kommunistischen* Partei stellte diese sich als die *»Partei der ausgestreckten Hand«* vor. Damit versuchte sich die kommunistische Partei ein neues Image zu geben. Zusammen mit den Sozialisten waren sie sich einig, daß der

Aufbau des Sozialismus nicht ohne Zustimmung der Millionen christlicher Arbeiter, aber auch nicht ohne Respekt vor ihrem christlichen Glauben, erfolgen könne.

Werden die Christen die ausgestreckte Hand ergreifen? Laut Meinungsumfrage halten 77 (siebenundsiebzig!) Prozent der Franzosen es für möglich, gleichzeitig Christ und Anhänger einer sozialistischen Gesellschaftsordnung zu sein. Aber wird eine sozialistisch-kommunistische Volksfront, wenn sie an die Macht gekommen ist, nicht das Vertrauen mißbrauchen und die Christen ausbooten? Werden sie nicht Bürger zweiter Klasse sein? Dazu erklärt der Chefredakteur einer bekannten französischen Linkszeitung: »Ich glaube, das ist absolut ungerechtfertigt; denn das gemeinsame sozialistisch-kommunistische Programm sieht im Gegenteil die *Gleichberechtigung aller vor:* die Entfaltung des Individuums.«

Werfen wir einen Blick auf **Kuba.** Dort wird seitens der sozialistisch-kommunistischen *Machthaber* die Vereinbarkeit von Christentum und Sozialismus beteuert. So erklärte *Fidel Castro,* in punkto sozialer Verantwortung seien sie mit den Christen verbunden. Was aber die Fragen der »Transzendenz« betreffe, »so können wir verschiedener Meinung sein, und wir wollen uns darüber nicht streiten. Worüber wir aber einer Meinung sein müssen, ist über das Privateigentum und auch darüber, daß kein Mensch einen anderen Menschen ausbeuten, noch den Arbeiter um seinen Mehrwert bringen darf« (Ch. Modeen, Christen in Kuba, Radiovortrag im WDR III vom 11. 4. 1977).

Der kubanische Theologe Migel *Manza* bezeugt, daß Kuba für die sogenannte »Theologie der Befreiung« eine »bedeutende Rolle gespielt« hat, ebenso der *»Glaube als Praxis der Befreiung«* (Ch. Modeen, a. a. O.). Der kubanische evangelische Theologe Rene *Castelanus* empfiehlt uns: »Studiert, was in Kuba passiert. Seid nicht mißtrauisch über die hiesige Situation . . . ohne genaue Analyse« (Ch. Modeen, a. a. O.).

Wir müssen feststellen, daß nicht nur in Westeuropa, sondern auch in Mittelamerika sowohl Christen als auch Sozialisten mit Nachdruck die Vereinbarkeit von Christentum und Sozialismus vertreten.

Im Gegensatz zu diesen Stimmen, bei denen Christentum und Sozialismus vereinbar sind, wenn nicht sogar wie zwei Ströme zu einem gemeinsamen Strom zusammenfließen, gibt es die andere Überzeugung:

Christentum und Sozialismus sind nicht vereinbar

Die an christlichen Wertvorstellungen orientierten Parteien in Europa halten eine Vereinbarkeit von Christentum und Sozialismus nicht für möglich. Auch das Oberhaupt der katholischen Kirche geht in diese Richtung. So haben z. B. die **päpstlichen Sozialenzykliken** bis zum Jahre 1967 bestritten, daß Sozialismus und Katholizismus vereinbar seien. *Papst Pius XII.* hat sogar aktive Kommunisten exkommuniziert. Hingegen bemühen sich die sozialistischen Parteien in wachsender Weise, die Vereinbarkeit von Sozialismus und Christentum zu betonen. Sie versuchen dies mit entsprechenden Gründen zu untermauern.

Ein bedeutender Vertreter der Nichtvereinbarkeit von Sozialismus und Christentum ist der 1890 geborene deutsche Sozialwissenschaftler Oswald *von Nell-Breuning.* In umfangreichen Arbeiten vertritt er die christlich-katholische Wirtschafts- und Gesellschaftslehre des Solidarismus, d. h. er leitet aus dem Prinzip der Solidarität – der wechselseitigen Verbundenheit und Mitverantwortung der Mitglieder einer Gruppe, einer Klasse oder Gemeinschaft – ein Ordnungssystem ab, das insbesondere auf dem Gebiet der Wirtschaft seine Anwendung findet.

Es gibt ein Buch in unseren Tagen, das in kurzer Zeit verschiedene Auflagen erlebte: *»Rotbuch Kirche.«*

An diesem Buch arbeiteten besonders jüngere evangelische Theologen mit. Sie geben jeweils einen Beitrag zu verschiedenen Gebieten. Dieses Buch ist ein Ausdruck dafür, daß die jüngere Generation sich weithin vom Sozialismus abwendet und ihm kritisch begegnet. Das Buch erhebt gegenüber weiten Kreisen innerhalb der evangelischen Kirche den Vorwurf, daß sie linkslastig seien. Die Ausführungen dieses Buches stießen bei vielen auf heftigste Kritik. Andererseits findet es eine wachsende Zustimmung, besonders auch durch katholische Theologen und »Laien«.

Ein namhafter Philosoph unserer Tage ist Günter *Rohrmoser,* der 1977 die Arbeit »Zeitzeichen, Bilanz einer Ära« vorgelegt hat. Aber auch in kürzeren Arbeiten versucht er, die Unvereinbarkeit von Christentum und Sozialismus nachzuweisen, so z. B. in der Schrift »Welche Art von Sozialismus bedroht unsere Freiheit?«

Durch das Für und Wider werden wir herausgefordert.

Zur Urteilsfindung ist es gut, sich zunächst kurz die Verhältnisse zu vergegenwärtigen, die sich am Weg des Sozialismus vorfanden.

2. KAPITEL

Die sozialen Verhältnisse – damals

Den Sozialismus können wir in seinem Anliegen nur dann recht würdigen, wenn wir die herrschenden sozialen, gesellschaftlichen und wirtschaftlichen Verhältnisse bedenken, die Grund zur Entstehung und Entwicklung der sozialistischen Bewegung waren. Vergegenwärtigen wir sie uns kurz.

Die Wohnverhältnisse

Arbeiterbewegung und Sozialismus sind nicht zu trennen von dem im 19. Jahrhundert heraufsteigenden Maschinenzeitalter und der damit einsetzenden Industrialisierung. Die Industriewerke zogen als Erwerbsquelle viele Menschen an. Damit setzte die Landflucht ein. Zahlen beweisen das am besten. Im Jahre 1875 wohnten in Deutschland 26 Millionen Menschen, das sind 61 Prozent, auf dem Land (Land-, Klein- und Mittelstädte ausgenommen). Im Jahre 1910 dagegen wohnten trotz der Bevölkerungszunahme auch nur 26 Millionen – jetzt aber bloß 40 Prozent – auf dem Lande, wohingegen die Zahl der Großstadtbewohner von 2,7 Millionen (= 6,2 Prozent) im Jahre 1875 auf 13,8 (= 21 Prozent) im Jahre 1910 emporschnellte. Dieser Strom in die Stadt führte zur Menschenanstauung, sie wiederum zur Wohnungsnot und zum Wohnungselend. So lautet zum Beispiel der Bericht eines Arztes aus dem Jahre 1853 über den Zustand der »Proletarierwohnungen« in Breslau: »Die Wohnungen der arbeitenden Klassen sind meistens zu den Höfen hin gelegen. Die geringe Menge frischer Luft, welche die benachbarten Häuser zulassen, wird durch die ... Abtritte völlig verunreinigt ... Die Stuben sind klein und niedrig, die Fenster und Öfen schlecht, meistens raucht es in den Zimmern ... Und solch ein Loch kostet 20 bis 24, ja 30 Taler Miete! Wegen der hohen Mietpreise sind die Leute genötigt, ihre Wohnungen mit Schlafgenossen zu teilen und zu überfüllen ... Dies, verbunden mit der kärglichen, oft ekelhaften Nahrung, ist die Ursache der unter der proletarischen Bevölkerung so häufig wütenden sporadischen und epidemischen Krankheiten.«

Das Lohnniveau

In diesem Zusammenhang darf als wichtiger Erklärungsfaktor für derartige Zustände das Lohnniveau nicht unerwähnt bleiben. Karl Marx gibt uns darüber in seinem »Kapital« erschütternde Schilderungen aus der frühkapitalistischen Zeit Englands.

Auch in Deutschland wurde allgemein für einen Mindestlohn gearbeitet. So berichtet uns der »Konfektionär« vom 3. September 1889, daß Kinderanzüge für einen Lohn von 14 Pfennig pro Stunde, ein Lodenmantel für zwei Mark, eine Arbeitsjacke für zwölf Pfennig Stundenlohn angefertigt wurden; ferner, daß in Posen Heimarbeiterinnen, die für Berliner Geschäfte arbeiteten, im ersten Jahr überhaupt nichts verdienten und im zweiten Jahr sechs bis zehn Mark monatlich (!) für ihre Arbeit bekamen.

Im rheinischen Wuppertal verdiente der größte Teil der Weber bei 15stündiger täglicher Arbeit keine zwei Taler. Die Bielefelder Feinspinner erwarben täglich zwei Silbergroschen. In den Kohlengruben des Ruhrgebietes verdiente ein tüchtiger Arbeiter bei achtstündiger ununterbrochener Arbeit neun bis elf Silbergroschen; dabei mußte er aber die Lampe selber stellen, die während der angegebenen Zeit für mindestens einen Silbergroschen Öl verzehrte.

Das Lebensniveau

Nun besagt ja das bloße Aufzählen eines Lohnes noch nicht viel, wenn man nicht das Lebensniveau zur Verdeutlichung heranzieht. Von den schrecklich unsozialen Verhältnissen können wir uns ein Bild machen, wenn wir uns vergegenwärtigen, daß in Köln während des Winters 1844/1845 nicht weniger als 30000 Menschen almosenbedürftig waren und die Proletarier sich in den Branntweinbrennereien das Spülwasser holten, um es statt der mangelnden Suppe zu verschlingen. Auch dies gehört zum Lebensniveau: Um 1900 haben in Berlin fast die Hälfte aller Haushalte nur *ein* Zimmer. Meist leben mehr als sechs Personen in der Wohnküche. Industrialisierung bedeutet Wohnungsnot in den Slums. Die Kinder schlafen meist auf der Bank. An Literatur ist vorhanden: eine Bibel, ein Gesangbuch und Häckels Welträtsel, ein Buch, das den Atheismus und den Materialismus vorbereitete. Für Vater gibt es eine Uhr und für Mutter bestenfalls eine Brosche. Bei Hochzeiten bleiben die Gesellschaftskreise jeweils unter sich.

Aber auch *ländliche* Gegenden blieben von der Not nicht ausgeschlossen. Besonders in mehreren Kreisen Ostpreußens herrschten himmelschreiende Verhältnisse. Tausende von Familien waren ohne Heizmaterial und Brotkorn. So berichtet es uns die Kulturgeschichte.

Mit nicht geringerer Eindringlichkeit beweist die *Kinder- und Frauenarbeit* das unsoziale und ungerechte Lebensniveau der lohnempfangenden Massen. Über die unmöglichen Verhältnisse, die bettelhaften Verdienste und die Kinderarbeit berichtet unter anderem der Kulturhistoriker Johannes *Scherr:* »Da ist z. B. der Kreis Habelschwerdt in Schlesien, wo die Zündhölzerfabrikation daheim ist, zu der auch die Kinder von 16 Jahren bis hinunter zu sechs (!) Jahren herangezogen werden, um ihr kärglich Stücklein Brot selber verdienen zu müssen. Sie fertigen Zündholzschachteln, und wenn vier Kinder vom frühen Morgen bis zum späten Abend zusammensaßen, um durch 14–16 stündige Arbeit tausend solcher Schachteln zuwege zu bringen, so erhielten sie dafür (im Jahr 1877) zusammen 85 Pfennige . . . Hunderte, Tausende von Proletarierkindern gingen – oft schon vom sechsten Jahr an in den Fabriken an die Maschinen gebannt – bis zu unseren Tagen herab noch im zarten Alter zugrunde« (J. Scherr, Deutsche Kultur- und Sittengeschichte, Leipzig, S. 585f.).

Folgeerscheinungen

Das unhaltbare Lohnniveau verursachte eine schreckliche Verelendung. Im Gefolge der Verelendung befinden sich stets als »Komplizen« alle nur denkbaren Mißstände – angefangen von der Sittenverderbnis über Prostitution und Diebstahl bis hin zum kriminellen Verbrechen. Der erwähnte Kulturhistoriker Scherr bringt Zahlen, die eine bittere Anklage sind. »Das Geld reicher Wüstlinge erkauft die erste Blüte der armen Mädchen des Proletariats, die dann, von den Verführern preisgegeben, rasch von Stufe zu Stufe herabsinken.

An manchen Orten verhält sich die Zahl der unehelichen Geburten zu den ehelichen wie eins zu sechs, ja sogar wie eins zu fünf und vier ... In der Zeit von 1854 bis 1864 gab es in München 49512 Geburten, und davon waren 23714 uneheliche, also nahezu 50%. Der Polizeistatistik von Berlin zufolge gab es 1846 dort schon 10000 Prostituierte, 2000 uneheliche Kinder auf 10000 eheliche, 10000 syphilitische Erkrankungen jährlich« (a. a. O., S. 588). Auch die Zahlen der Selbstmorde, die erschreckend in die Höhe schnellten, reden auf ihre Weise. »In Berlin z. B. kam zu Anfang des (19.) Jahrhunderts *ein* Selbstmord auf 1000 Todesfälle, 1822 auf 200, schon im Jahre 1830 auf 100 und jetzt sicherlich auf 50 bis 30« (a. a. O., S. 587f.). Das sind dürre Zahlen – aber welch unermeßliche seelische Not und welche Verzweiflung und Bitterkeit bergen sie in sich!

Auf der Sonnenseite des Lebens

Wir werfen einen Blick auf den amerikanischen Hochkapitalismus, um an seinem Beispiel den Kontrast nicht nur aufzuzeigen, sondern aufschreien zu lassen. Wir sind uns bewußt, daß wir ein extremes Beispiel benutzen. Aber am Extrem wird besonders deutlich, um was es geht. Außerdem bereiten wir dadurch ein Verständnis für *den* Mann vor, der die geistigen Hintergründe dieser ganzen Kontrastsituation aufzeigt: Karl Marx. Wir vergegenwärtigen uns an den zwei Finanzgewaltigen Rockefeller und Morgan die Unmöglichkeit und Ungerechtigkeit der damaligen Zeit.

Im Jahre 1903 schätzte man das Vermögen Rockefellers auf 700–800 Millionen Dollar. Er erwarb sich dieses ungeheure Vermögen dadurch, daß er mit dem Erwerb von Land immer der Entwicklung der sich ausdehnenden Städte voranging. Da in den USA die Eisenbahnen Privatbahnen waren, kaufte er eine Bahn um die andere. Wenn ihm eine Bahn sein Öl nicht zu billigen Preisen fuhr, legte er sie lahm. Den Profit seiner Ölquellen legte er in Eisenbahnen und Industrieanlagen an. Die wiederum mußten ihm den Ertrag seiner Quellen steigern. Es wird berichtet, daß Rockefeller von sich sagen konnte, daß er jeden Morgen um 100000 Dollar reicher war.

Morgan hat ein Verfahren eingeschlagen, das typisch wurde und mit »Morganisierung« bezeichnet wird. Er kaufte die einander bekämpfenden Industriegruppen einfach auf und vereinigte sie zu Riesentrusts. Mit diesem stets wachsenden Vermögen wuchs das unersättliche Streben nach Macht und eine Mißachtung aller rechtlichen und sittlichen Maßstäbe. Auch »Wohltätigkeit« konnte nicht über die grundsätzliche Hemmungslosigkeit hinwegtäuschen. Morgan erwarb einen Riesenbetrieb mit 200000 Arbeitern. Es heißt, daß er diesen Riesenbetrieb »nach seinem Belieben und seiner Willkür führt, und daß er der Öffentlichkeit und dem Staat in echt manchesterlicher Gesinnung bloß das Recht zuerkennt, das Eigentum der Gesellschaft zu schützen und ungeheuere Aufwendungen zu machen für die Polizei und Miliz, wenn Arbeitsschwierigkeiten entstehen«. Es ist zwar zutreffend, daß er seiner Arbeiterschaft eine Fülle von »Wohlfahrtseinrichtungen und Erholungsstätten« zur Verfügung stellt. Damit bindet er die Arbeiterschaft um so mehr an den Betrieb. Was aber entscheidend ist: Das Koalitionsrecht gewährt er den Arbeitern nicht, und »in jeder Versammlung eines Chor- und Gesangvereins hat er seine öffentlichen oder geheimen Vertreter. Er weigert sich grundsätzlich, mit den Vorständen der Arbeiterorganisationen zu verhandeln, und läßt es lieber auf einen Streik ankommen, als daß er nachgibt« (F. Niebergall, Evangelischer Sozialismus, Tübingen 1920, S. 47).

Das ist die Art und Weise des Kapitalismus! Er charakterisiert sich in seinem Machtstreben, seinem unbedingten Herrenstandpunkt, seiner rücksichtslosen Vermehrung des Besitzes, in seinem Streben nach Privilegien in Gesellschaft und Staat. Aber diese Kennzeichnung des Kapitalismus gilt nicht nur für Amerika, sondern ist auch typisch für die europäischen Verhältnisse: es ist immer das gleiche Bestreben, sich Bürokratie und Staat untertänig zu machen. Ein Kulturkritiker stellt fest: ». . . wie es im Großen geschieht, so auch im Kleinen. In jeder kleinen Industriestadt haben Bürgermeister und Stadtrat nach der Pfeife der großen Herren zu tanzen . . . Nur wenigen gelingt es, sich von dem Einfluß der Geldmagnaten freizuhalten, und diese haben ihnen gegenüber oft einen schweren Stand« (a. a. O., S. 48).

3. KAPITEL

Marx, Engels und der marxistische Sozialismus

Wer sich noch ein Empfinden für Gerechtigkeit bewahrt hat, wird diese Ungleichheit als ein himmelschreiendes Unrecht empfinden. Schon im 19. Jahrhundert haben führende Köpfe dies artikuliert. Aber keiner von ihnen hat eine solch kritische Bewußtseinsveränderung bewirkt wie Karl Marx. Wer den Sozialismus von einst und heute verstehen will, muß sich mit Karl Marx beschäftigen. Aber auch, wer der Frage nachgehen will, ob Sozialismus und Christentum vereinbar seien. Denn auch diese Frage muß historisch erörtert werden und kann nicht an Karl Marx vorübergehen.

Beschäftigen wir uns zunächst kurz mit seinem Leben.

Karl Marx
Kurzer Lebensabriß

Karl Marx ist der Sohn eines jüdischen Juristen. Er wurde 1818 in Trier an der Mosel geboren. Als er sechs Jahre alt war, trat der Vater mit seiner Familie zum Protestantismus über. Vater und Mutter stammten aus alten Rabbinergeschlechtern.

Der junge Marx war sehr christlich eingestellt. Das geht z. B. aus seinem Abituraufsatz hervor. – Das Schulprotokoll seines Gymnasiums (das Friedrich-Wilhelm-Gymnasium) berichtet, daß Karl Marx am Dienstag, dem 22. September 1835, als 17jähriger Oberprimaner in der evangelischen Religion geprüft worden ist. Er bekommt die Aufgabe, die Worte Jesu Christi auszulegen: »Glaubet an Gott und glaubet an mich! In meines Vaters Hause sind viele Wohnungen . . . Ich gehe hin, euch die Stätte zu bereiten . . . auf daß ihr seid, wo ich bin« (Joh. 14, 1–3). In der mündlichen Prüfung wird er unter anderem über die »Unsterblichkeit der Seele« und über die göttliche Berufung des Menschen und seiner ewigen Heimat bei Gott gefragt.

Nach bestandenem Abitur studiert er zunächst in Bonn offiziell Jura, aber auch gleichzeitig Philosophie. Von Bonn geht er zur Universität nach Berlin. Vermehrt beschäftigt er sich dort mit Philosophie und Geschichte. Er schließt sich dem »Doktor-Klub« an, einem Kreis von radikalen Linkshegelianern. Darunter versteht man Anhänger des Philosophen Hegel, die aber die Lehre Hegels »umstülpen«, d. h. für sie ist nicht wie bei Hegel der Geist das Entscheidende, sondern die Materie.

In die Berliner Zeit fällt die folgenschwere Abkehr K. Marx vom christlichen Glauben. Wesentlich hat dazu der evangelische Theologe B. Bauer durch seine radikale Kritik an den Evangelien beigetragen. Bei Marx erfolgt eine radikale Hinwendung zur völligen Diesseitigkeit. Hatte er früher ein sehr herzliches Verhältnis zu seinem Vater, so kommt es nun hier auch aus religiösen Gründen zur Abkühlung und Trennung.

1841 erlangt er an der Universität Jena die Doktorwürde. K. Marx heiratet Jenny, die Tochter des preußischen Beamten Geheimrat von Westphalen.

Ursprünglich hatte Marx vor, die Dozentenlaufbahn in Philosophie einzuschlagen. Aber er wendet sich dem Journalismus zu.

In Köln wird er 1842 Redakteur und später Chefredakteur der liberaloppositionellen »Rheinischen Zeitung«.

In seiner Kölner Zeit macht er erste Bekanntschaft mit der proletarischen Situation. Mit dem Wuppertaler Fabrikantensohn Friedrich *Engels,* der aus einem pietistischen Elternhaus stammt und den Weg zum Sozialismus-Kommunismus gegangen war, kommt es zu einer lebenslangen Arbeitsgemeinschaft.

In Köln macht Marx auch erste Bekanntschaft mit dem französischen Frühsozialismus.

Nachdem die Rheinische Zeitung verboten wird, geht Marx nach Paris. Dort liest er die antireligiösen Bücher Ludwig *Feuerbachs.* Er schließt sich ihm an und gelangt so zum philosophischen Materialismus. Durch seinen Umgang mit den französischen utopischen Sozialisten findet er zum revolutionären Sozialismus.

Er wird ausgewiesen und geht nach Brüssel. Dort lebt er von 1845–1848. Er und Engels schließen sich 1847 dem Bund der Kommunisten an. Beide verfassen das berühmte »Kommunistische Manifest«, das mit der Parole endet: »Proletarier aller Länder, vereinigt euch!« Diese Parole wurde von da an bis zum heutigen Tag zur weltweiten Richtschnur des internationalen Proletariats im Kampf um seine Rechte, ja um Menschenrechte.

Als 1848 in Deutschland die Revolution ausbricht, kehrt Marx nach Deutschland zurück und wird 1848/49 Chefredakteur der radikaldemokratischen »Neuen Rheinischen Zeitung« in Köln. Aber bereits 1849 muß er wieder emigrieren.

Über Belgien geht er endgültig nach England. Dort betreibt er intensive Studien, um sein Hauptwerk vorzubereiten: »Das Kapital.«

Der erste Band konnte 1867 erscheinen. Den zweiten und dritten Band gab später Friedrich Engels aufgrund der nachgelassenen Schriften heraus.

Marx ist maßgebend an der Gründung der *Ersten Internationale* (1864) beteiligt. Auf die Entwicklung der Sozialdemokratie nimmt Marx mit seiner »Kritik des Gothaer Programms« 1875 starken Einfluß. Er berät auch ihre Führer, die ihn als die eigentliche Autorität anerkennen.

Im Jahre 1881 verliert er seine Frau. Die Gesundheit nimmt ab. Auch Erholungsreisen – bis nach Algerien – festigen sie nicht mehr. Als ihn am Morgen des 14. März 1883 sein Freund Engels wie jeden Tag in seiner Londoner Wohnung aufsuchen will, ist er nachts gestorben.

Damit war ein Leben zu Ende gegangen, von dem eine überragende Wirkung nicht nur auf einzelne Menschen, sondern auf einen Großteil der Menschheit ausgegangen ist.

Friedrich Engels
Kurzer Lebensabriß

Gemeinsam mit Karl Marx ist er der Mitbegründer des marxistischen Sozialismus.

Engels ist am 28. November 1820 in Barmen als Sohn eines rheinischen Textilindustriellen geboren. Sein Elternhaus ist evangelisch-pietistisch. Anfänglich geht auch er diesen Weg. Im Alter von 15 Jahren schreibt er an Jesus Christus gewandt folgendes Gebet:

> »O komm mit deiner Seligkeit,
> du Glanz der Vaterherrlichkeit,
> gib, daß ich dich nur wähle!
> Lieblich, herrlich, ohne Leide
> ist die Freude, wenn dort oben,
> wir dich, unsern Heiland, loben.«

Im väterlichen Betrieb ausgebildet, schließt er sich während seiner Militärdienstzeit in Berlin den bereits erwähnten Junghegelianern an. Als Engels 22 Jahre alt ist, lernt er in Köln den zwei Jahre älteren Karl Marx kennen, seinen späteren Freund. Durch das väterliche Zweiggeschäft in Manchester kommt Engels nach England. Er arbeitet im väterlichen Betrieb. Aber sein Interesse gilt der sozialen Frage. Er veröffentlicht 1845 das später berühmt gewordene Werk »Die Lage der arbeitenden Klassen in England«. Schon in ihm entwickelt Engels Gedanken, die denen von Marx gleichen. Der sogenannte Marxismus ist das gemeinsame Werk von Marx und Engels. Engels will aber nicht, daß es mit seinem Namen zusammengebracht wird. Gemeinsam haben sie außer anderen Werken 1848 das Kommunistische Manifest herausgebracht.

Engels hat Marx finanziell unterstützt, der sich oft und lange in Armut befand.

Bekannt ist das Werk »Der Ursprung der Familie, des Privateigentums und des Staates«, das 1884 erschien. Wir werden uns noch mit den Gedanken dieses Buches beschäftigen. Engels Werk »Die Entwicklung des Sozialismus von der Utopie zur Wissenschaft« (1893) gehört zu den verbreitetsten. Seine Bücher wurden in viele Sprachen übersetzt.

Von 1882–1895 ist er das geistige Haupt der sozialistischen Bewegung. Am 5. August 1895 stirbt er, ebenso wie Karl Marx, in London.

Angesichts der überragenden und weltgeschichtlichen Bedeutung von Marx und Engels ist die Frage um so brennender:

Was haben Marx und Engels gelehrt?

Die Lehre des marxistischen Sozialismus

Wir möchten ein Wort Lenins voranstellen, das oft auf großen Spruchbändern und in schier ungezählten Büchern zu lesen ist: »Die Lehre von Marx ist allmächtig, weil sie wahr ist.« So steht es z. B. in dem offiziellen Buch, das den jungen Menschen in der DDR bei ihrer Jugendweihe überreicht wird (Der Sozialismus – Deine Welt, Berlin 1975, S. 68). Die Frage steht im Raum: Ist die Lehre wirklich wahr?

Über die Lehre des Marxismus könnten viele Seiten geschrieben werden. Und doch haben wir Marx, Engels und den marxistischen Sozialismus verstanden, wenn wir uns über die Hauptbegriffe und ihre Inhalte klar werden, die gewissermaßen die Säulen ihres Lehrgebäudes bilden.

Es sind folgende Begriffe:

1. der philosophische Materialismus
2. der dialektische Materialismus
3. der historische Materialismus
4. die Arbeitswert- und Mehrwerttheorie
5. die Konzentrationstheorie
6. die Verelendungstheorie
7. die Zusammenbruchstheorie
8. die klassenlose Gesellschaft, damit verbunden: die Lehre von der Gleichheit und über den Menschen.

Was besagen diese Lehren im einzelnen?

1. Säule: Der philosophische Materialismus

Es gibt den Materialismus als *Lebenseinstellung* und auch als *Weltanschauung.* In meiner Lebenseinstellung bin ich dann ein Materialist, wenn ich auf »Ideale« verzichte und nur auf Vorteile und ein möglichst genußreiches Leben bedacht bin, Selbstlosigkeit, Opferbereitschaft und Rücksichtnahme aber belächle und als rückständig von mir weise. Dieser Materialismus als egoistische Lebensauffassung ist bei Marx, Engels und den marxistischen Sozialisten nicht gemeint. Denn gerade Anhänger des Marxismus kämpften selbstlos für hohe Ideale der Menschheit. Marx und Engels sind Beispiele dafür. Gemeint ist vielmehr der Materialismus als theoretische Weltanschauung. Als solche wird er als *philosophischer* Materialismus bezeichnet.

Dieser philosophische Materialismus besagt:

Die objektive Welt ist ihrer Natur nach materiell. Das heißt: Die materielle Welt existiert

außerhalb von dem Menschen,
bereits vor dem Menschen und
unabhängig von dem Menschen.

Die ganze materielle Welt besteht aus natürlichen Bausteinen: aus Protonen, Elektronen, Neutronen, Positronen, Photonen und noch vielen anderen sogenannten Elementarteilchen. Diese Elementarteilchen können sich verschieden verbinden und in unterschiedlichsten Kombinationen auftreten. Aber immer handelt es sich dabei – so meinen die Materialisten – um natürliche, materielle und gesetzmäßige Vorgänge. Der Arbeiter denkt – nach Meinung der Materialisten – spontan materialistisch, wenn er im Betrieb ein Werkstück bearbeitet, oder der Bauer, wenn er mit seiner Landmaschine den Acker bestellt, aber auch der Physiker, wenn er ein Molekül oder ein Atom bezüglich seiner Struktur untersucht.

Hinzu kommen noch **drei wichtige Merkmale der Materie:**

1. Die Materie war immer und ist ungeschaffen,
2. die Materie wird immer sein, d. h. die Materie insgesamt ist unvergänglich und in diesem Sinne unendlich,
3. die Materie ist absolut.

Es gibt also nur Stoff, nur Materie, aber keinen vom Stoff geschiedenen und *selbständigen* Geist. Natürlich gibt es auch Geist. Marx, Engels und die Materialisten vor und nach ihnen bestreiten das nicht. Aber die Marxisten gebrauchen nur ungern das Wort Geist. Stattdessen sprechen sie lieber von »Bewußtsein« und meinen damit das geistig-seelische Bewußtsein des Menschen. Ich kann z. B. die Sätze dieses Buches nur deshalb schreiben, weil ich nicht »geistesgestört« bin, sondern Geist besitze und denken kann. Aber – so sagt der marxistische, philosophische Materialismus – es gibt *keinen selbständigen, an sich existierenden Geist,* der von der Materie losgelöst wäre. Denken – bzw. das Bewußtsein – ist zwar nicht materiell, aber an die Materie Gehirn gebunden. Außerdem: Einen sogenannten *absoluten* Geist gibt es erst recht nicht. Gewiß gibt es das Ideelle. Karl Marx schreibt: »Aber bei mir ist (umgekehrt) das Ideelle nichts anderes als das im Menschenkopf umgesetzte und übersetzte Materielle« (K. Marx, Nachwort zur zweiten Auflage des ersten Bandes des »Kapital«). Die Tätigkeit meines Geistes ist also an die materielle Substanz meines Gehirns gebunden. Ohne Gehirn kein Geist, kein Bewußtsein. Karl Marx schreibt zum Verhältnis Materie und Denken: »Man kann den Gedanken nicht von einer Materie trennen, die denkt. Sie ist das Subjekt aller Veränderungen«. (Marx-Engels-Gesamtausgabe, Erste Abteilung, Band 3, S. 305.)

Die Leugnung eines selbständigen Geistes erstreckt sich aber nicht nur auf den Menschen, sondern auch auf die gesamte Wirklichkeit.

Als Wirklichkeit gilt aber nur die uns umgebende materielle Welt. Denn nach Friedrich *Engels* ist »die stoffliche, sinnlich wahrnehmbare Welt, zu der wir selbst gehören, das **einzig** Wirkliche ...«

Ausdrücklich betont er: »Die Materie ist nicht ein Erzeugnis des Geistes, sondern der Geist ist selbst nur das höchste Produkt der Materie« (Fr. Engels: Ludwig Feuerbach und der Ausgang der klassischen deutschen Philosophie, S. 20). Gleichsam zusammenfassend präsentiert der marxistische Sozialismus seinen philosophischen Materialismus in den Sätzen:

> »Außer der Natur und dem Menschen existiert nichts.«

»Allerdings heißt materialistische Naturauffassung der Natur weiter nichts als einfache Auffassung der Natur, so wie sie sich gibt, ohne fremde Zutat . . .« (F. Engels, a. a. O., Anhang S. 60).

Die Folgerungen, die daraus gezogen werden müssen, lauten: Weil es keinen Geist ohne Materie gibt, gibt es auch keinen Gott. Denn die Bibel sagt ja selbst: »Gott ist Geist« (Joh. 4, 24). Gott als Geist würde dann unabhängig von der Materie existieren. Das aber gibt es nicht. Es existiert nur, was ich zählen, messen, greifen und wiegen kann. Es existiert nur das Sichtbare: die Materie.

Marxistischer, philosophischer Materialismus steht hiermit nicht nur **im Gegensatz zum Christentum,** sondern **auch zum Idealismus** mit seiner Lehre vom Weltgeist. Die Welt wird beim Idealismus als Verkörperung der »absoluten Idee« aufgefaßt. Hingegen ist beim marxistischen Sozialismus die Welt ihrer Natur nach – wie wir sahen – materiell. Mit anderen Worten: Marxistischer philosophischer Materialismus ist Beschränkung auf die raum-zeitliche Diesseitigkeit. Als Wirklichkeit gilt nur das Wahrnehmbare. Der spätere Marxist *Lenin* hat den Materiebegriff wie folgt definiert:

»Die Materie ist eine philosophische Kategorie (Anschauungsform) zur Bezeichnung der objektiven Realität, die den Menschen in ihren Empfindungen gegeben ist, die von unseren Empfindungen kopiert, fotografiert, abgebildet wird und unabhängig von ihnen existiert« (in: Protokoll der Verhandlungen des III. Parteitags der SED, Band IV., S. 297).

Der Materialismus anerkennt nur den Bereich des Naturgesetzlichen.

Eine weitere Folgerung, die aus dem Materialismus erwächst, ist seine **Religionsfeindlichkeit.** Lenin bringt sie klar zum Ausdruck:

»Ein Marxist muß Materialist sein, d. h. ein Feind der Religion« (W. I. Lenin: Über die Religion. 8. Auflage der Ausgabe im Dietz-Verlag, Berlin 1970, S. 27).

Oder er schreibt:

»Marxismus ist Materialismus. Als solcher steht er der Religion ebenso schonungslos und sogar feindlich gegenüber« (a. a. O., S. 24).

Aus der – zwar unwissenschaftlichen – Verabsolutierung der Naturwissenschaft folgert Lenin:

> ». . . wenn nur die Naturwissenschaft allein, die die Außenwelt in der menschlichen ›Erfahrung‹ abbildet, fähig ist, uns die objektive Wahrheit zu vermitteln, so ist damit jeglicher Fideismus (Glaube) unbedingt verworfen« (Lenin: Materialismus und Empiriokritizismus, S. 117).

Lenin schrieb in einem undatierten Brief mit eigener Hand an den Dichter Maxim Gorki sogar den erschütternden Satz:

> ». . . jeder Gedanke an Gott ist eine unaussprechliche Gemeinheit.«

Und zwar deshalb: »Das philosophische Fundament des Marxismus ist der dialektische Materialismus . . .« Und der läßt für Gott keinen Raum. Bereits im Kommunistischen Manifest schrieb Karl Marx: »Der Kommunismus gibt die ewigen Wahrheiten auf, er schafft alle Religionen und jede Moral ab.«

Ergebnis:

Der philosophische Materialismus des marxistischen Sozialismus ist mit dem Evangelium des Christentums wie auch mit dem philosophischen Idealismus nicht vereinbar.

Aber jetzt stehen wir vor der Frage: Was hat es denn nun mit dem *dialektischen* Materialismus auf sich, von dem Lenin behauptet, er bilde »das philosophische Fundament des Marxismus«?

2. Säule: Der dialektische Materialismus

Man kann es immer wieder lesen und hören, besonders in den sozialistischen Ländern, daß Marxisten ihren Marxismus als »wissenschaftlichen Sozialismus« bezeichnen. Damit wollen sie dem marxistischen Sozialismus das Zeugnis einer beweisbaren Richtigkeit ausstellen und ihm besondere Würde verleihen. Die Begründung für die behauptete Wissenschaftlichkeit des Sozialismus liegt in der Lehre vom dialektischen Materialismus. Mit dieser Lehre meinten

Marx und Engels entdeckt zu haben, wie und nach welchen Gesetzen die Geschichte abläuft. Sie meinen nämlich, der Geschichtsablauf vollziehe sich mit einer Zwangsnotwendigkeit. Es gäbe gleichsam einen naturgesetzlichen Geschichtsablauf. Weil nun Marx und Engels diese innere Notwendigkeit des Geschichtsablaufs entdeckt hätten, sei der Sozialismus »wissenschaftlich«. Was sie in bezug auf die Geschichte entdeckt haben, faßt sich in die zwei Worte zusammen »dialektischer Materialismus«.

Dazu folgendes:

In der DDR bekam jeder Jugendliche zur Jugendweihe von Vertretern des sozialistischen Staates das Buch »Weltall – Erde – Mensch«. Heute bekommt er das besser aufgemachte Buch: »Der Sozialismus – Deine Welt«. In dem Buch »Weltall – Erde – Mensch« lesen wir auf Seite 23:

> »Der dialektische Materialismus ist die einzige wissenschaftliche Weltanschauung, weil er streng von den praktischen Erfahrungen der Menschheit und den Ergebnissen der Wissenschaft ausgeht, seine Erkenntnisse über das Wesen und die allgemeinsten Gesetzmäßigkeiten der gesamten Welt wissenschaftlich ableitet, systematisch begründet und ständig am Fortgang der Wissenschaften und der Praxis überprüft, entwickelt und nötigenfalls korrigiert.«

In der Tat: Das ist ein hoher und exklusiver Anspruch: »Der dialektische Materialismus ist die einzige wissenschaftliche Weltanschauung.« Um so notwendiger muß es dann sein, sich mit ihm zu befassen.

Zunächst wollen wir die Wörter **»dialektisch«** und **»Dialektik«** klären. Das Wort kommt vom griechischen ›dialesthein‹, was soviel heißt wie ›etwas durchsprechen‹. Auch das griechische Wort ›dialego‹ liegt ihm zugrunde, was ›ein Gespräch führen‹ heißt. Es meint ursprünglich die Kunst der Unterredung, dann die Beweisführung. Im Altertum verstand man unter Dialektik aber eine bestimmte Art des Gesprächs. Ein dialektisch geführtes Gespräch bestand in der Kunst, die *Widersprüche* in den Urteilen des Gegners aufzudecken und durch das Herausarbeiten von These und Antithese, von Spruch und Widerspruch, zur Wahrheit zu gelangen. Die Wahrheit liegt in der höheren Einheit von These und Antithese: in der sogenannten Synthese.

Die Dialektik stellt also eine *Denkmethode* dar, die die Gegensätze herausarbeitet und eine zusammenfassende Einheit aus den Gegensätzen anstrebt. Ein Beispiel: Jemand ist vor schwierige Fragen gestellt: Ist der Mensch gut? Ist er böse? Hat er einen freien Willen oder ist er ein Getriebener? Er wird nicht mit den Fragen fertig. Nun bespricht er sie mit jemand anderem. Der trägt seine Argumente vor. Vielleicht sind es sogar Gegenargumente. Jedenfalls kommt es so in vielen Fällen leichter zur Klarheit, als wenn der Betreffende allein darüber nachdenkt.

Das Gespräch wurde in der Geschichte der Menschheit zu einer fruchtbaren Methode. Die Wahrheitserkenntnis kommt durch Rede und Gegenrede, durch Spruch und Widerspruch in Bewegung. Denken wir an die geistvollen Dialoge des Philosophen Platon oder an die Disputationen im Mittelalter. Denken wir an die heutigen Gespräche zwischen Konfessionen, Rassen, Klassen und an den »Nord-Süd-Dialog«. *Die Entwicklung der Menschheit ist ohne ein fortwährendes Gespräch nicht denkbar.* Man kann geradezu sagen, daß die Geschichte im Zeichen des Dialogs, ja im Zeichen der Dialektik des Geistes steht. (Wir müssen nämlich unterscheiden zwischen Dialog und Dialektik. *Dialog meint nur das Gespräch, Dialektik aber die Gegensätze und ihre Überwindung.)* Durch Rede und Gegenrede kommen wir weiter. Schon der griechische Philosoph Heraklit (6.–5. Jahrhundert v. Chr.) sprach vom »Krieg« als dem »Vater aller Dinge«. Damit meinte er den *Widerstreit der Gegensätze:* These und Antithese führen weiter zur höheren Einheit in der Synthese, die die Gegensätze vereint.

Dialektik meint vorerst ein Spannungsdenken, ein Denken in Gegensätzen. Sie führt zu dem Denk-(Fort-)Schritt, mit dem sie Satz und Gegensatz in einer höheren Einheit in der Synthese überwindet.

Was tut nun der marxistische Sozialismus? Diese an sich richtigen Erkenntnisse über die Dialektik als einer Methode, die durch Aufweis und Überwindung von Widersprüchen eine ständige Weiterentwicklung fördert, überträgt der Marxismus nun vom Geistigen auf das Materielle.

Damit sind wir beim zweiten Wort: dialektischer **Materialismus.**

Materialismus besagt in diesem Zusammenhang zunächst einmal, daß die Denkmethode der Dialektik nur auf diese unsere *materielle* Welt angewandt wird; denn für den Marxismus gibt es ja nur die Welt der Diesseitigkeit, aber kein außer und über dieser Welt bestehendes Reich des Geistes und der Ideen, wie es z. B. Platon und viele mit ihm lehren. Der philosophische Materialismus des Marxismus lehrt, daß die **Materie** sich **in** einer **ständigen Entwicklung** befindet. Bei dem Wort Materie dürfen wir jetzt aber nicht nur an die Materie im engeren Sinne denken, also z. B. an einen Stein, ein Stück Eisen oder an ein Atom, sondern an die gesamte Natur, auch an das menschliche Gehirn, besonders an die menschliche Gesellschaft.

Wenn wir nun an die menschliche Gesellschaft denken, dann ist es zwar richtig, festzustellen: Den hohen Stand der heutigen Gesellschaft hat es keineswegs immer gegeben. Im Gegenteil. Es gab Zeiten, in denen befand sich die menschliche Gesellschaft auf viel niedrigeren Stufen: denken wir z. B. an das Höhlenzeitalter, aber auch an die Zeit ohne Dampfschiffahrt, ohne Elektrizität etc. Für das Auge des Marxisten vollzieht sich hier eine allmähliche Entwicklung. Diese Entwicklung geschieht nun keineswegs willkürlich, sondern gesetzmäßig. Und zwar nach dem Gesetz des Dreitaktes von These, Antithese, Synthese. Diese Synthese wird wieder zur Ausgangslage einer neuen Entwicklungsphase. Sie verläuft wiederum nach dem gleichen Gesetz von Satz – Gegensatz – Einheit. Wir können auch sagen: Die Entwicklung verläuft nach dem Schema von Grund – Gegengrund – und dem daraus erwachsenden höheren Dritten: dem neuen Zustand. Dieses höhere Dritte ist aber auch seinerseits kein Endzustand, sondern wiederum der Anfang einer noch höheren Entwicklung. So setzt sich dies fort bis ins Unendliche.

In diesem Entwicklungsprozeß verwirklicht sich das, was die Lehre von der Dialektik besagen will: Jedes Ding trägt den Keim des Gegenteils in sich, das sich im Laufe der Zeit mit Notwendigkeit aus ihm entwickelt. So liegt bereits im Kern des Kapitalismus sein Widerpart, den er selbst erzeugt: die Arbeiterklasse. Der Widerspruch wird durch das höhere Dritte gelöst. Wie? Das werden wir noch sehen.

Karl Marx und Friedrich Engels haben dieses Gesetz von der Dialektik nicht als erste gelehrt, sondern sie haben diese Lehre von dem Philosophen Friedrich Wilhelm Hegel (1770–1831) übernommen. Sie haben aber die Anwendung der Dialektik entscheidend verändert. Nach Hegel ist nicht die Materie das Ursprüngliche, sondern der Geist. Alles ist auf den Geist zurückzuführen. Auch das Wachstum und die Entwicklung der Welt gehen in rein geistigen Ordnungen vor sich. Geist und Ideen möchten sich immer mehr und immer höher entfalten. Entsprechend sind es die Ideen wie z. B. die Staatsidee, die Rechtsidee, die Ideen der Religionen und der Philosophie, die nach dem Gesetz der Dialektik fortschreiten.

Nehmen wir als Beispiel die erwähnten Ideen von Staat und Recht. Diese Ideen haben sich im Laufe der Zeit vom Faustrecht immer höher entwickelt bis zum damaligen preußischen Staat und seinem Recht, den Hegel als die höchste und letzte Entwicklungsstufe ansah.

Nach Karl Marx sind es aber nicht geistige und philosophische Ideen, die fortschreiten, sondern es entwickeln sich gesellschaftliche und wirtschaftliche Verhältnisse. Weil Marx das Gesetz der Dialektik vom Geistigen auf das Materielle und Gesellschaftliche angewandt hat, sagt er, er habe die Hegelsche Dialektik materialistisch »umgestülpt«. In der Tat hat er die Hegelsche Philosophie auf den Kopf gestellt. Die materiellen Verhältnisse bilden nach Marx die Basis, den »Unterbau«. Darauf gründet sich der geistige »Überbau«. Ludwig Feuerbach hat dies auf die Formel gebracht: »Der Mensch ist, was er ißt.« Aber die dialektische Methode hat Marx übernommen.

Was wir hier reichlich abstrakt abhandeln mußten, um das Gesetz der Dialektik kennenzulernen, findet seinen Niederschlag und seine Nutzanwendung in dem folgenden Schlüsselbegriff des marxistischen Sozialismus. Es ist der *historische* Materialismus.

3. Säule: Der historische Materialismus

Der historische Materialismus ist die *praktische Anwendung* des dialektischen Materialismus. Der dialektische Materialismus ist die Theorie, ist »die Seele«; der historische Materialismus ist die Praxis, ist »der Körper«. Die Lehre vom historischen Materialismus geht besonders auf Friedrich Engels zurück.

Was historischer Materialismus beinhaltet, drückt sich am besten mit dem ersten und zentralen Satz des Kommunistischen Manifestes aus:

> »Die Geschichte aller bisherigen Gesellschaft ist die Geschichte von Klassenkämpfen.«

Nur unter diesem Gesichtspunkt werden die Kämpfe, die Streitigkeiten und die Gegensätze, die es in der Geschichte gegeben hat, gesehen.

Nach Meinung des historischen Materialismus gibt es insgesamt **sechs Geschichtsperioden.**

Es gibt:

1. den kommunistischen Urzustand. Er liegt in vorgeschichtlicher Zeit;
2. die altorientalische Klassengesellschaft von rund 3000 bis 700 »vor unserer Zeitrechnung«. Und in Verbindung mit ihr die antike Sklavenhaltergesellschaft bis rund 500 in unserer Zeitrechnung (= Altertum);
3. den Feudalismus bis 1789 (= Mittelalter);
4. den Kapitalismus mit seinem Letztstadium: dem Imperialismus (= Neuzeit);
5. den Sozialismus, der ab 1917 erstmals in der Sowjetunion begann und sich inzwischen in vielen sozialistisch gewordenen Ländern ausgebreitet hat.
6. Zur Zeit befinden sich die sozialistischen Länder einschließlich der Sowjetunion im Übergang vom Sozialismus zum Kommunismus. Bei den kapitalistischen Ländern vollzieht sich zur Zeit der Übergang vom Kapitalismus zum Sozialismus. Dies ist die Geschichtsauffassung des Marxismus. Schauen wir uns die Geschichtsperioden kurz etwas näher an.

1. Die Urgesellschaft

Von dieser Urgesellschaft lehrt der historische Materialismus: Nachdem sich der Mensch aufgrund der Evolution durch Auslese aus Stadien des Tierreiches zum Menschen hochentwickelt hatte, begann der Urzustand der Urgesellschaft. Die damalige Gesellschaftsstruktur war klassenlos und kommunistisch. Dieser klassenfreie Zustand dauerte rund 50 000 Jahre. Der »Sündenfall« ereignete sich dadurch, daß erstmals gesagt wurde: »Das und das gehört mir!« Mit dem Aufkommen des Privateigentums begann die Klassengesellschaft und damit auch der Klassenkampf.

Friedrich Engels hat über diese Urgesellschaft in seinem Buch »Der Ursprung der Familie, des Privateigentums und des Staates« geschrieben. Darin behauptet er, daß es nicht nur keinen Privatbesitz gegeben habe, sondern auch keine Familie und keinen Staat. Alles gehörte allen. Langsam aber lernten die Menschen der Urgesellschaft bessere Werkzeuge für die Arbeit und die Jagd herzustellen. Sie lernten Tiere zu zähmen und Pflanzen anzubauen. Damit entwickelte sich die Idee des Privateigentums, des Einzelbesitzes. Jener besaß diese Felder und ein anderer jene Herden.

2. Die Sklavenhaltergesellschaft

Dieser Besitz von Privateigentum (und besseren Jagd- und Arbeitsinstrumenten) führte zu einer Spaltung der kommunistischen Urgesellschaft. Es entstanden die beiden sich feindlich gegenüberstehenden Klassen: die Sach- und Grundbesitzer einerseits und die nichtbesitzenden Arbeiter andererseits. Um nun ihren Besitzstand zu sichern, schuf sich die kleine Besitzerschicht ein Recht, das sie zu Herren und die Arbeiter zu Knechten, ja sogar zu Sklaven machte, die wie eine Ware verkauft, ja selbst getötet werden konnten. Von dieser Sklaverei berichtet die Geschichte der Antike.

3. Der Feudalismus

Die Verbesserung der Arbeitsinstrumente setzte sich fort. Dadurch differenzierte sich die Gesellschaft. Es waren nun Menschen erforderlich geworden, die persönlich an der Arbeit interessiert waren und Aufsicht über andere ausübten. Zu dem Zweck gab der Grundbesitzer Land und Arbeitsinstrumente zu Lehen an den Bauern. So entstand das Lehnswesen mit dem Lehnsherrn und dem Lehnsmann bzw. Lehnsbauern, der für entlehnte Wirtschaft und Geräte seinem Lehnsherrn Dienstleistungen und Naturalabgaben vom

Ernteertrag entrichten mußte. Dem hörigen Bauern war seinerseits wieder der Fronarbeiter untergeordnet. So entstand im mittelalterlichen Lehnsstaat ein mehrschichtiges System von Vasallen, das Vasallentum. An der Spitze dieser Lehnspyramide stand der König. Durch verliehenes Gut entstand die lebenslange Verpflichtung zu Gehorsam, Treue und Dienst. Das eigentliche Lehen war das Ritterlehen. Dieses Lehen verpflichtete den Ritter als Vasallen des Königs zum Kriegsdienst. Dadurch, daß der Ritter sein Lehen nun seinerseits an den sogenannten Aftervasallen weiterverlieh, entstand das Afterlehen. Der Aftervasall stellte sich seinerseits wieder unter den Schutz seines Lehnsherrn. Für den Schutz schuldete der Aftervasall – auch Lehnsmann genannt – wiederum dem Lehnsherrn lebenslang Gehorsam und beliebigen Dienst.

Der marxistische Sozialismus hat mit Recht gesehen, daß es sich beim Feudalismus um die Herrschaft der Feudalklasse handelte, die in Europa praktisch mit den Adligen als den Großgrundbesitzern identisch war. Es ist auch geschichtlich zutreffend, daß die Feudalherren die absoluten Herren über ihre Untertanen waren. Der Verkauf von Soldaten an fremde Herrschaftshäuser beweist dies. Die Untertanen besaßen keine politischen Rechte. Die Feudalherren arbeiteten so gut wie nicht, sondern befaßten sich meist mit Jagd, Krieg und Politik. Während die Feudalklasse die Kultur pflegte, blieben die meisten Untertanen Analphabeten. Es kam zu Bauernaufständen. Aber sie vermochten die Feudalherrschaft nicht zu bezwingen und abzuschaffen.

Durch den Aufstieg der Städte und durch die Stärkung der monarchischen Zentralgewalt wurde gegen Ausgang des Mittelalters die Herrschaft der Feudalklasse zunehmend gebrochen.

Der Feudalismus ging infolge der wachsenden Zentralmacht der Monarchen über in den nun folgenden *Absolutismus.*

Die Bindungen an den Lehnsherrn waren in den verschiedenen Ländern zwar verschieden geartet. So beschränkten sich die Dienste mancherorts auf militärischen Dienst. Auch das Verhältnis der Besitzer von Grund und Boden zu ihren Bauern und das zwischen den Eigentümern von Handwerksbetrieben zu ihren Arbeitern war zwar verschieden, aber in der Grundstruktur doch durch Belehnung gekennzeichnet.

Besonders in Rußland waren die Verhältnisse sehr unsozial. Dort erfolgte die gesetzliche Befreiung von der Leibeigenschaft erst im Jahre 1861. *Praktisch* setzte sie sich allerdings in vielen Fällen fort. Auch in Pommern wurde noch im 19. Jahrhundert Leibeigenschaft praktiziert.

Aber nicht nur durch die Entwicklung der monarchischen Zentralgewalt und die Städteentwicklung, sondern auch durch die mit ihr parallel gehende *technische* Entwicklung konnte sich der Feudalismus nicht mehr halten. Es kam eine neue Epoche:

4. Der Kapitalismus

Wohl nichts wird im marxistischen Sozialismus so sehr angeprangert wie der Kapitalismus. Darum müssen wir uns mit ihm näher beschäftigen.

Im Zusammenhang mit dem historischen Materialismus und seinen Epochen kann dies jetzt kurz geschehen. Was dann den Kapitalismus wirtschaftlich kennzeichnet, entfalten wir gesondert.

Historisch gesehen bildet nach marxistischer Lehre der Kapitalismus diejenige Epoche, die zwischen der früheren feudalistischen und der kommenden sozialistischen Gesellschaft liegt.

Unter Kapitalismus versteht der marxistische Sozialismus ein Wirtschaftssystem, das durch Privateigentum und die Jagd nach Profit gekennzeichnet ist. Das letzte Stadium des Kapitalismus ist nach marxistischer Lehre der **Imperialismus.** In ihm steigern sich die Kennzeichen des Kapitalismus immer mehr. In den achtziger Jahren des 19. Jahrhunderts dürfen wir den Beginn des modernen Imperialismus feststellen. Er ist gekennzeichnet durch ein Wettrennen um wirtschaftliche Macht, um Kolonien beim Aufteilen der Welt, um Stützpunkte und Investitionsmärkte des Finanzkapitals.

Um Einfluß zu erlangen oder zu sichern, geht Hand in Hand mit dem Imperialismus die Rüstung. Der Imperialismus ist immer kriegsbereit. Als Mittel zu seiner Durchsetzung schreckt er nicht vor brutaler militärischer Unterwerfung zurück. Kolonialvölker werden unterdrückt und ausgebeutet.

Lenin hat den Imperialismus scharf angegriffen. 1915 erschien seine Schrift: »Der Imperialismus als höchstes Stadium des Kapitalismus.« Diese Schrift wurde wohl die einflußreichste Veröffentlichung gegen den Imperialismus. Sie wurde in ungeheuer großen Auflagen in der ganzen Welt verbreitet. Lenin prägte den Begriff vom »imperialistischen Krieg«. Im imperialistischen Krieg würden die vom Finanzkapital aufgehetzten Völker zum Zweck wirtschaftlichen Profits in ein gegenseitiges Abschlachten geschickt.

Durch dieses wirtschaftliche Profitdenken bereiten sich nach marxistischer Überzeugung aber Kapitalismus und Imperialismus ihren eigenen Untergang. Denn mit innerer Notwendigkeit folgt der Epoche des Kapitalismus

5. Die Epoche des Sozialismus

Der Sozialismus ist nach marxistischer Lehre im wesentlichen gekennzeichnet durch viererlei:

1. durch Gemeineigentum und Planwirtschaft,
2. durch eine alle Lebensbereiche erfassende neue Weltanschauung,
3. durch den Willen zu einer politischen Kampfbewegung, die die Ziele des Sozialismus verwirklichen will,
4. durch die Erziehung eines neuen Menschen im sozialistischen Geist.

Wir würden beim marxistischen Sozialismus Entscheidendes übersehen, wenn wir nicht auf die Erziehung im sozialistischen Geist hinweisen wollten. Einen neuen Menschen schaffen – darauf kommt es dem marxistischen Sozialismus zentral an. Dieser neue Mensch steht in bewußtem Gegensatz zum Menschen der kapitalistischen Gesellschaft, in der eine »verschwindende Minderheit« über die große Mehrheit herrschte. Und wodurch herrschte sie? Lenin sagt dies in aller Deutlichkeit: durch den »Henker« und durch den »Pfaffen«. Lenin schreibt dazu: »Jede Klasse, die eine andere unterdrückt, braucht zur Aufrechterhaltung ihrer Herrschaft unbedingt zwei soziale Einrichtungen: den Henker und den Pfaffen. Der Henker soll den Protest und die Empörung der Unterdrückten niederhalten, der Pfaffe soll die Unterdrückten trösten . . . sie mit dieser Herrschaft aussöhnen, ihnen revolutionäre Taten abgewöhnen, ihren revolutionären Geist untergraben, ihre revolutionäre Entschlossenheit zerstören« (Lenin: Der Zusammenbruch der 2. Internationale, Berlin 1951, S. 33).

Aber diese Beherrschung durch Henker und Pfaffen hört in der sozialistischen Gesellschaft auf. Denn in ihr gibt es keine Klasse der Besitzenden mehr und darum auch keine Klasse der Besitzlosen. Henker und Pfaffe werden mithin überflüssig. Ja, die sozialistische Gesellschaft schafft nicht nur die Beherrschung durch die Kapitalisten ab, sondern es gibt auch keinen Unterschied im Lohn. Wörtlich heißt es bei Lenin: »Alle Bürger verwandeln sich hier in entlohnte Angestellte des Staates« (Lenin: Staat und Revolution, Berlin 1949, S. 124). Im gleichen Buch prophezeit Lenin: »Die ganze Gesellschaft wird ein Büro und eine Fabrik mit gleicher Arbeit und gleichem Lohn sein.«

Die neue Erziehung führt zur neuen Gesellschaftsordnung. Diese wird zu solch einer Blüte der Wirtschaft führen, daß alle Not beseitigt sein wird. Alle Menschen werden ein reiches Auskommen haben. Weil es in der sozialistischen Gesellschaft keine nichtstuenden Drohnen mehr geben wird, sondern alle arbeiten werden, wird sich die Arbeitszeit verkürzen. Die Arbeit selbst wird aus Last zur Lust. Auch wird »eine Hauptursache der heutigen gesellschaftlichen Ungleichheit« verschwinden, nämlich die ungleiche Bewertung von körperlicher und geistiger Arbeit.

Aufgrund dieser Gleichheit werden durch die Erziehung in der sozialistischen Gesellschaft Ausschreitungen und Verbrechen immer seltener. Ja, es wird so weit kommen, daß Polizei, Gerichte und Gefängnisse überflüssig werden.

Aber die Epoche des Sozialismus ist noch nicht das Ende. Es folgt dem Sozialismus:

6. Der Kommunismus

Die idealen Vorstellungen und Ziele werden vollends im Kommunismus realisiert werden. Denn wenn wir die Epoche des Kommunismus erreicht haben werden, dann wird auch der Staat völlig absterben. In der kommunistischen Gesellschaft wird sich das Leben nach dem Grundsatz gestalten:

> »Jeder nach seinen Fähigkeiten,
> jedem nach seinen Bedürfnissen.«

Zwang wird es in der kommunistischen Gesellschaft nicht mehr geben. Denn wenn die Menschen sich an »das Befolgen der Grundregeln des gesellschaftlichen Zusammenlebens gewöhnt haben werden« – nämlich: »Jeder nach seinen Fähigkeiten, jedem nach seinen Bedürfnissen« –, dann werden sie »freiwillig nach ihren Fähigkeiten arbeiten«, schreibt Lenin in seiner Broschüre »Staat und Revolution«. Darin vertritt er auch den Gedanken, daß eine »Verteilung der Produkte« nicht mehr nach einer Normierung zu erfolgen braucht, denn »jeder wird frei nach seinen Bedürfnissen nehmen«. D. h. also im Klartext: Es gibt keinen Egoismus mehr. Jeder wird selbstlos sein und nicht *mehr* für sich beanspruchen, als er braucht und nötig hat.

Wenn das Stadium des Kommunismus erreicht sein wird, dann wird damit auch das hohe **Ziel** erreicht sein: Die **»klassenlose Gesellschaft«**. Und dieses hohe Ziel wird ganz bestimmt und mit innerer Notwendigkeit erreicht werden. Warum ist man dessen so sicher? Antwort: Weil sich in einer kapitalistisch geführten Wirtschaft unaufhaltsam Dinge ereignen werden, die dem Kapitalismus den Todesstoß geben und damit automatisch die Epoche des Sozialismus heraufführen werden.

Was sind das für notwendig ablaufende Vorgänge?

Wir wiesen bereits darauf hin, daß wir den Kapitalismus noch näher unter *wirtschaftlichen* Gesichtspunkten untersuchen müßten.

Das soll jetzt geschehen.

4. Säule: Die Arbeitswert- und Mehrwerttheorie

Die Arbeitswert- und Mehrwerttheorie besagt folgendes:

In der Sicht des Marxismus stehen sich zwei Klassen grundsätzlich feindlich gegenüber: die Klasse der Kapitalisten und die Klasse der Proletarier.

Die Kapitalisten verfügen über die Produktionsmittel, als da sind: Fabriken mit ihren Maschinen und sonstigen Einrichtungen. Mit ihnen erzeugen die Kapitalisten Waren, die sie mit Profit verkaufen. Die Proletarier hingegen sind die Besitzlosen. Die einzige »Ware«, die sie besitzen und die sie zu verkaufen haben, ist ihre Arbeitskraft.

Die Arbeitswert- und Mehrwerttheorie besagt, daß die Klasse der Kapitalisten sich auf Kosten der Proletarier bereichert. Dadurch wird die kapitalistische Wirtschaft zu einer **Ausbeutungswirtschaft.**

Das wird von Marx entfaltet, indem er vom Tauschwert der Waren ausgeht. Schon immer haben die Menschen Waren ausgetauscht. Das Geld übernimmt beim Tausch eine Vermittlerrolle. Aber vom Geld einmal abgesehen geht es darum, daß der Bäcker und der Metzger miteinander tauschen. Der eine gibt Brot und empfängt dafür vom anderen Wurst und Fleisch. Obwohl Brot und Wurst etwas Verschiedenes sind – darum werden sie ja ausgetauscht –, haben sie doch etwas Gemeinsames. Beides sind Erzeugnisse menschlicher Arbeit und wurden in einer bestimmten Arbeitszeit produziert. Nach Karl Marx kommt allen Waren nur dieser Arbeitswert zu, d. h. also, daß sie Erzeugnisse menschlicher Arbeit und Arbeitszeit sind. Folglich wird die Wertgröße eines Produkts durch die »gesellschaftlich notwendige« Arbeitszeit bestimmt. Diese vom Stand der Technik abhängige »gesellschaftlich notwendige« Arbeitszeit bestimmt den *Wert* einer Ware. Und was besagt nun das Stichwort »*Mehr*wert«?

Der Arbeiter stellt seine einzige »Ware«, die Arbeitskraft, dem Besitzer von Produktionsmitteln, also dem Kapitalisten, zur Verfügung. Auch jetzt vollzieht sich ein Tausch. Der Arbeiter gibt seine Arbeitskraft, der Besitzer gibt ihm dafür den Lohn. Der Tauschwert dieser Ware »Arbeitskraft« wird bestimmt durch die Arbeits*zeit,* die der Arbeiter zur Herstellung der Produkte aufwenden muß. Zur Herstellung eines Schmiedeteils unter dem Fallhammer ist weniger Arbeitszeit erforderlich als zur Herstellung einer Schwarzwälder Kuckucksuhr. Ob aber nun Schmiedeteil oder Kuckucksuhr, entscheidend ist: Der Wert des Arbeits*lohnes,* den der Kapitalist dem Proletarier gibt, entspricht nicht dem Wert der

Arbeits*leistung.* Denn der Lohn ist im Kapitalismus am Existenzminimum des Arbeiters orientiert. Der Besitzer kassiert den Unterschiedsbetrag zwischen dem eigentlichen Wert einer Arbeits*leistung* und dem Arbeits*lohn,* den er dem Arbeiter gibt. Deutlicher: Der Arbeitslohn beträgt nur gerade soviel, wie der Arbeiter braucht, um seine Arbeitskraft zu erhalten. Was darüber hinausgeht, ist der »Mehrwert«, den der Kapitalist gewinnt.

Ein Beispiel: Ein Arbeiter produziert in sechs Stunden soviel, wie zu seinem Unterhalt und dem seiner Familie erforderlich ist. Nun läßt ihn aber der Kapitalist nicht sechs, sondern zehn oder zwölf Stunden für seinen Unterhalt arbeiten. In diesen weiteren vier oder sechs Stunden produziert der Arbeiter »Mehrwert« für den Kapitalisten.

Karl Marx weist darauf hin, daß aufgrund bestehender Gesetze der Mehrwert dem Kapitalisten von *Rechts wegen* zufällt, und zwar deswegen von Rechts wegen, weil die Klasse der Besitzenden ja gleichzeitig die Klasse der Herrschenden ist und bestimmt, was als Recht zu gelten hat. Indem Karl Marx die Rechtslage aufzeigt, nimmt er für sich in Anspruch, damit die kapitalistische Wirtschaft als ein Ausbeutungssystem entlarvt zu haben.

Die Praxis der Gewinnung ungerechten Mehrwerts führt nach Meinung des marxistischen Sozialismus einen logischen Schritt weiter: Es kommt zur Konzentration.

5. Säule: Die Konzentrationstheorie

Wir wiesen bereits darauf hin, daß aus dieser Sicht der Lohn in der kapitalistischen Wirtschaft am Existenzminimum des Arbeiters und seiner Familie orientiert ist. Von dieser Tatsache her bildete sich das Wort »Hungerlohn«. Der Arbeiter kann bei solch einem Lohn nicht sparen. Sein Lohn ist nicht »akkumulationsfähig«, d. h. er kann nicht sammeln. Er kann nur verbrauchen und ausgeben. Sein Lohn ist nur ein **Konsumlohn.**

Völlig anders ist es beim Kapitalisten. Er kann aufgrund seines Gewinns durch den Mehrwert sehr wohl »akkumulieren«. Er kann sparen, sammeln, anhäufen, mehr noch: er kann den Gewinn umwandeln in neues »Kapital« und so weiteren neuen Gewinn erzielen.

Durch den ständig anfallenden Profit, den der Unternehmer aufgrund des Mehrwerts macht, führt dies zu einer ständigen Konzentration von mehr Geld. Dieses ständige Verdienen ermöglicht es dem Kapitalisten nun wieder, ständig zu investieren, d. h. noch mehr und noch bessere Maschinen zu kaufen. Dadurch kann er noch mehr und besser profitieren. – Und wer nicht so stark profitiert und darum nicht so gute Maschinen hat wie dieser und jener Kapitalist? Und wer darum nicht so investieren und nicht mehr konkurrieren kann? Was geschieht mit denen? Sie geraten zunehmend in Krisen.

6. Säule: Die Krisen- und Verelendungstheorie

Es leuchtet ein: Wer finanziell nicht so stark ist wie der andere, wird aufgrund des kapitalistischen Wirtschaftssystems in die Krise getrieben, ja in den Bankrott, ins Elend. Mit Recht sagen wir: Der große Fisch frißt den kleinen. Der größere Betrieb schluckt den kleineren. Das will Marx mit seiner Krisen- und Verelendungstheorie sagen.

Zur Krisentheorie des marxistischen Sozialismus gehört auch dies: Weil bei der kapitalistischen Wirtschaftsform der Profit der eigentliche Motor ist, möchte der eine Kapitalist noch mehr als der andere produzieren, um so mehr als der andere zu profitieren. Dieses ständige Noch-mehr-produzieren-Wollen führt zur **Überproduktion.** Die Überproduktion führt zur Unterkonsumtion, d. h. zu einem in Relation zu geringen Verbrauch. Die Warenlager vergrößern sich. Folge: Es kommt zur Wirtschaftskrise. Die Wirtschaftskrise führt zu vermehrten Konkursen und zu steigenden Entlassungen in den Betrieben.

Die Ursache sieht Marx in der »wilden Konkurrenz« und in der »Anarchie der Produktion«, bei der die Produktion den Zusammenhang zum Verbrauch verliert.

Am Ende steht die fortschreitende Verelendung der Arbeitermassen.

Die Kapitalisten versuchen sich so zu helfen, daß sie Verluste (als

Folge des ruinösen Wettbewerbs) durch zunehmende Senkung der Löhne auf die Arbeiter abwälzen.

Folge: Durch Lohnsenkung noch größere Verelendung.

Die Verelendung ist aber nur die eine Seite der Medaille. Auf der anderen Seite steht das Wort **»Selbstentfremdung«.** Damit will Karl Marx sagen: Weil der Arbeiter nichts hat als nur seine Arbeitskraft, wird in der kapitalistischen Gesellschaft mit dieser Arbeitskraft umgegangen wie mit einer Ware. Besteht ein Mangel an dieser Ware, dann steigt ihr Wert. Ist aber infolge von Überproduktion auch ein Überangebot der »Ware« Arbeitskraft vorhanden, so sinkt ihr Wert. Damit aber wird der Arbeiter selbst zur Ware. Es erfolgt eine Erniedrigung des Arbeiters. Es erfolgt der »völlige Verlust des Menschen«, es erfolgt eine »Selbstentfremdung« des Arbeiters, eine »Entfremdung« von der Menschenwürde. Die Arbeiter – aber auch die Bauern, denen aufgrund der kapitalistischen Wirtschaftsordnung und Profitgier ihr Grund und Boden enteignet wurde – werden »vogelfreie« Proletarier, die als billiges Warenangebot auf dem Arbeitsmarkt zur Verfügung stehen.

Die Frage stellt sich: Wie soll es nun weitergehen? Karl Marx weiß die Antwort:

Alle sozialpolitischen Maßnahmen, die das Los der Proletarier verbessern möchten, sind zwecklos. Darum war Karl Marx ein scharfer Gegner gewerkschaftlicher Selbsthilfe der Arbeiterschaft. Es ging Marx um mehr. Es ging ihm um Beseitigung der kapitalistischen Wirtschaft. Auf dieses Ende seien alle Bestrebungen des Proletariats zu richten.

Dies Ende kommt! Wodurch?

7. Säule: Die Zuammenbruchs- und Revolutionstheorie

Nach Marx und dem Marxismus schaufelt sich das kapitalistische Wirtschaftssystem selber das Grab. Durch rücksichtslose Ellbogenpolitik, durch Mehrwert und ständige Jagd nach Profit erfolgt eine *»Kapitalakkumulation«*, eine ständige Vermehrung und Anhäufung des Kapitals. Nicht genug damit: Infolge der scharfen Konkurrenz bleiben immer mehr Kapitalisten auf der Strecke. Sie wandern ins Heer der Besitzlosen ab. Dieses Heer wird immer größer. Hingegen wird die Zahl der Geldkapitäne und wirtschaftsmächtigen Kapitalisten immer kleiner. Die Entwicklung geht schließlich so weit, daß der große Tag kommt, an dem die »Expropriation der Expropriateure« erfolgt, d. h. die Enteignung der Enteigner, also die Enteignung der Kapitalisten.

Diese Enteignung der Enteigner ist gleichzusetzen mit dem Zusammenbruch des kapitalistischen Systems und des Kapitalismus überhaupt.

Bei diesem Zusammenbruch wirken nach Karl Marx und Friedrich Engels zwei Faktoren zusammen:

1. die *zwangsläufig* so und nicht anders verlaufende Entwicklung und
2. die Bewußtwerdung der Arbeiterschaft, die sich als *klassenbewußtes* Proletariat begreift und sich mehr oder weniger gewalttätig gegen das kapitalistische Wirtschaftssystem und die Kapitalisten auflehnt.

Mit der Enteignung der Enteigner, wir können auch sagen: mit der Beseitigung des Privateigentums an Produktionsmitteln könnte nun das herrliche Zeitalter der »klassenlosen Gesellschaft« beginnen. Könnte! Da aber die bisher herrschende Klasse der Kapitalisten voraussichtlich Widerstand leisten wird, kommt es zur **»Diktatur des Proletariats«.**

Die Diktatur des Proletariats wird aber nach Überzeugung von Marx nur ein ganz kurzer Übergangszustand sein. Wenn die Dinge so verlaufen, wie Marx es erwartet, kann man annehmen, daß die Diktatur des Proletariats sich auf wenige Tage, höchstens aber auf einige Wochen erstreckt.

Jedenfalls erfolgt in dieser Zeit der Enteignung der Enteigner und der Diktatur des Proletariats die **Sozialisierung der Produktionsmittel,** d. h. die Überführung der Werke, der Zechen, der Gruben, der Fabriken und ihrer Maschinen, aber auch die Überführung der Großgrundbesitzungen aus dem privaten Besitz in Gemeinbesitz. Ob dieser Gemeinbesitz nun staatlicher oder genossenschaftlicher oder gewerkschaftlicher Besitz wird und sein soll, darüber gehen im Lager der Marxisten die Ansichten auseinander. Zwar denkt Friedrich Engels bei der Vergesellschaftung zunächst an Verstaatlichung. Er schreibt in seinem Buch »Herrn Eugen Dührings Umwälzung der Wissenschaften«: »Das Proletariat ergreift die Staatsgewalt und verwandelt die Produktionsmittel zunächst in Staatseigentum.« Auf jeden Fall ist die *kapitalistische* Produktionsweise durch eine *gemeinschaftliche* abzulösen. Aber Ziel ist und bleibt nicht die Diktatur des Proletariats, sondern

8. Säule: Die klassenlose Gesellschaft

Wir wiesen bereits darauf hin, daß in dieser klassenlosen Gesellschaft der Staat gegenstandslos geworden sein wird und abstirbt. Und zwar deshalb, weil in der bisherigen »bürgerlichen« Gesellschaft der Staat als *Machtapparat* von der jeweils herrschenden Klasse benutzt wurde, um die ausgebeutete Klasse niederzuhalten. Aber jetzt gibt es ja keine Ausbeuter und Ausgebeuteten mehr. Druck und Gegendruck hören auf. Was bedarf es da noch des Staates als eines Machtapparates?

Aber nicht genug, daß der Staat abgeschafft wird, es werden in der klassenlosen Gesellschaft auch Ehe und Familie verschwinden. Das hat seinen Grund darin: Marx und Engels sehen, wie in der »bürgerlichen« Welt sowohl im handwerklichen Mittelstand, wie auch in Junker- und Kapitalistenkreisen Ehen unter dem Gesichtspunkt geschlossen wurden, Vermögen mit Vermögen zu verbinden und möglichst als noch größeren Besitz zu vererben. Um dieser Zementierung des kapitalistischen Systems an die Fundamente zu gehen, müssen Ehen und Familien abgeschafft werden. Die Aufzucht und Erziehung der Kinder wird von der Gesellschaft übernommen. Auch die private Haushaltsführung wird durch die Gemeinschaftsverpflegung abgelöst.

Nun müssen wir noch einen Begriff einführen, der im marxistischen Sozialismus eine große Rolle spielt und gerade für die klassenlose Gesellschaft, aber auch für den politischen Kampf überhaupt von großer Bedeutung ist. Es ist der Begriff

Gleichheit

Die Forderung nach Gleichheit wurde bereits 1789 bei der Französischen Revolution erhoben. Aber damals wurde *politische* Gleichheit gefordert. Hingegen richtet sich die Forderung der Sozialisten besonders auf *wirtschaftliche* Gleichheit. Die Gleichheit zielt auf Beseitigung des Privateigentums und auf eine Gleichheit der Entlohnung nach dem Gesichtspunkt der Bedürfnisse.

Das Verlangen nach Gleichheit meint auch, daß allen die gleichen wirtschaftlichen Möglichkeiten zu geben sind. Der Forderung nach Gleichheit liegt der Gedanke zugrunde: Was dem einen recht ist, ist dem anderen billig.

Marxistische Sozialisten fordern, »daß Kinder aus allen Berufsgruppen gleiche Entwicklungsmöglichkeiten haben müssen, die gleichen Chancen«. So schreibt es der Sozialist Paul *Sering* in seinem Buch »Jenseits des Kapitalismus« (1946).

Auch Einkommensunterschiede müssen ständig abgebaut werden.

Wo geschieht die Realisierung konsequenter Gleichheit aber am wirksamsten? In der klassenlosen Gesellschaft. Darum ist und bleibt sie das Ziel des marxistischen Sozialismus.

Leninismus

Der Vollständigkeit halber müssen wir auch noch den Leninismus erörtern. Dies kann aber kurz geschehen. Denn nach eigener Auskunft heißt es: »Der Leninismus ist der Marxismus der Gegenwart.« (Der Sozialismus – Deine Welt, Berlin 1975, S. 53.) Wir können uns also darauf beschränken, das *Unterschiedliche* zwischen Leninismus und Marxismus herauszustellen.

Wer war Lenin?

Lenin wurde am 22. April 1870 in dem Wolgastädtchen Simbirsk, dem heutigen Uljanowsk, geboren. Er war der Sohn eines Schulinspektors, dem ein größerer Bezirk an der mittleren Wolga zugewiesen war. Lenin stammt also aus einer gutbürgerlichen Familie. Ja, er gehörte sogar – wie viele Kommunistenführer – dem niedrigen

Adel an. Den niedrigen Adel besaß er aber nicht von Geburts wegen, sondern seinem Vater wurde der Adelstitel für seine Verdienste um die Volksbildung verliehen. Die Mutter Lenins ist eine Deutschstämmige mit Namen Blank. Sie war die Tochter eines deutsch-russischen Arztes. Die Mutter Lenins hielt ihre sechs Kinder dazu an, untereinander abwechselnd russisch, deutsch und französisch zu sprechen.

Als Lenin 16 Jahre alt war, las er atheistische Literatur und wandte sich vom christlichen Glauben ab. Mit seinem richtigen Namen heißt Lenin Wladimir Iljitsch *Uljanow*.

Lenins älterer Bruder geriet als Student in politisch-revolutionäre Kreise. Er plante einen Bombenanschlag auf den Zaren. Der geplante Anschlag wurde im letzten Augenblick verhindert. Lenins Bruder wurde verhaftet und einige Zeit danach gehängt. Das hat Lenin sehr erschüttert und beeinflußt.

Er fand bei seinem Bruder marxistische Literatur, die er nun eifrig las. Lenin studierte Jura. Nach einer kurzen Zeit als Rechtsanwalt verschrieb er sich ganz der revolutionären Bewegung. Bereits 1895 gründete er aus einigen Arbeiterzirkeln in Petersburg seinen »Kampfbund zur Befreiung der Arbeiterklasse«. Wegen dieser Gründung wurde er für drei Jahre nach Sibirien verbannt. Die Verbannung war aber in ihrem Vollzug nicht hart. Lenin mußte sich in seinem Ort nur gelegentlich bei der Polizei melden. Ansonsten konnte er tun, was er wollte. So mietete er sich ein Haus, heiratete, ging zur Jagd, schrieb revolutionäre Bücher und hielt politische Versammlungen ab. Nach Ablauf seiner dreijährigen Verbannung im Jahre 1900 begab er sich ins Ausland. U. a. war er in Wien. Von London, München und Genf aus arbeitete er an der Schaffung einer straff organisierten Partei. 1902 schrieb er die Kampfschrift »Was tun?«

Als Lenin in Sibirien war, hatten marxistische Freunde in Rußland die »Russische Sozialdemokratische Arbeiterpartei« gegründet. Der zweite Parteikongreß dieser russischen Partei fand 1903 in Brüssel und London statt. Dieser Parteikongreß ist insofern wichtig, als es auf ihm zur **Spaltung** kam. Anlaß war ein von Lenin vorbereitetes Parteistatut. Darin trat Lenin für eine straffe Organisation ausgewählter **Berufsrevolutionäre** ein. Die meisten Delegierten lehnten Lenins Entwurf ab. Sie waren für eine Partei, die eine losere Zusammenfassung der Arbeiter darstellte, dafür aber die Zustimmung breiterer Schichten der Arbeiterschaft anstrebte. Als aber sieben Delegierte abreisten, bekam die Gruppe um Lenin die Mehrheit. Von dorther nannten sie sich »Bolschewiki«. Das russische Wort »bolsche« heißt »mehr«. Die Bolschewiki unter Führung Lenins vertraten den harten Kurs und ein radikal kommunistisches Programm. Hingegen waren ihre Gegner, die Menschewiki (russisch: mensche = weniger) gemäßigter. Sie sind etwa mit den westlichen Sozialdemokraten zu vergleichen.

1908–1912 und während des Ersten Weltkriegs lebte Lenin in der Schweiz. Vielleicht darf ich mir eine persönliche Zwischenbemerkung gestatten: In Zürich in der Spiegelgasse habe ich die Wohnung besucht, in der Lenin damals gewohnt hat. Dabei habe ich einen Mann in der Nachbarschaft gesprochen, der als schon damaliger Kommunist mit Lenin sehr bekannt war. Er erzählte, daß Lenin viele Stunden in der Universitätsbibliothek gesessen habe, um entsprechende Bücher zu studieren. Regelmäßig sei er in ein Café gegangen, um dort die Zeitungen zu lesen. Was jenen schweizerischen Kommunisten aber ganz besonders an Lenin beeindruckt hatte, war nicht nur seine einfache Lebensweise, sondern sein Durchglühtsein vom Willen zur Revolution.

Von der Schweiz aus fuhr Lenin 1917 mit Hilfe der deutschen Heeresleitung durch das Feindesland Deutschland nach Rußland. Dort forderte er in seinen berühmten April-Thesen »Frieden, Land und Brot« und gab die **Parole** aus: **»Alle Macht den Sowjets«.** Am 25./26. Oktober 1917 kam es dann zu der »Großen Sozialistischen Oktober-Revolution«, wie sie offiziell in den Ländern des Marxismus-Leninismus bezeichnet wird.

Lenin wurde in der neugebildeten Regierung »Vorsitzender des Rates der Volkskommissare«, d. h. er wurde Ministerpräsident. Nach seinem Machtantritt begann die Zerschlagung und blutige Ausmerzung der politischen Gegner. Dazu gehört auch die Gründung der Tscheka, der späteren GPU (Staatliche Politische Verwaltung) und des heutigen Geheimdienstes KGB. Es gehört auch zum Bild Lenins, daß diese Organisation unter seiner Oberleitung bis zu seinem Tod mindestens 1,5 Millionen Menschen

»liquidiert« hat. Dieser politischen Verwaltung hat Lenin auch die Einführung der Weltanschauung des Materialismus an allen russischen Schulen und Universitäten aufgetragen.

Lenins persönlicher Lebensstil blieb auch nach seiner Machtergreifung sehr spartanisch. Er verabscheute einen Führerkult mit seiner Person. Nach mehreren Schlaganfällen starb er im 54. Lebensjahr am 21. Januar 1924 in Gorki, östlich von Moskau. Auf dem Roten Platz in Moskau wurde für ihn ein Mausoleum errichtet. Dort wurde er einbalsamiert in einem gläsernen Sarg aufgebahrt. Bis heute gehen täglich Hunderte von Menschen dort an Lenin vorüber.

Zweifellos haben zwei Männer in einer Weise den Gang der Weltgeschichte beeinflußt, wie dies in den letzten zweihundert Jahren seinen Auswirkungen nach einmalig ist: Karl Marx und Wladimir Iljitsch Lenin. Nur der Name Adolf Hitlers müßte noch genannt werden. Seine historische Dimension liegt aber in der gigantischen Zerstörung und Veränderung der Landkarte. Marx und Lenin hingegen haben ihre überragende Bedeutung durch die Langzeitwirkung ihrer Weltanschauung.

In Verbindung mit der 60. Wiederkehr der Oktober-Revolution konnte ich in der DDR wiederholt das Spruchband lesen:

> »Mit der Großen Sozialistischen Oktoberrevolution begann die Zukunft der Menschheit.«

Ein ungeheuer kühner Satz, der uns herausfordert. In erster Linie ist er eine Herausforderung der Christen und des Christentums. Dieser Herausforderung wollen und müssen wir uns stellen.

Doch fragen wir uns zunächst:

Worin besteht der Unterschied zwischen Marxismus und Leninismus?

Wenn Marxisten und Leninisten der DDR selbst definieren (wie wir bereits zitierten): »Leninismus ist der Marxismus der Gegenwart«, dann kann der Unterschied nicht groß sein. Der Unterschied besteht in dreierlei:

1. Lenin hat mehr als Karl Marx auf die Notwendigkeit der Revolution hingewiesen.

Karl Marx vertritt mehr den Gedanken der zwangsläufigen Entwicklung: Aufgrund des bereits abgehandelten dialektischen Materialismus muß es notwendigerweise zum Sozialismus und Kommunismus kommen. Außerdem muß bei Marx die kapitalistische Entwicklung erst bis zur Zusammenbruchsreife fortgeschritten sein, bevor die proletarische Revolution überhaupt erfolgen kann. Lenin hingegen ist davon überzeugt, daß der Zeitpunkt der Revolution vorgezogen werden kann. Das ist allerdings an eine Bedingung geknüpft. Und darin besteht ein zweiter Unterschied:

2. Lenin fordert und setzt auf Berufsrevolutionäre.

Gewiß, auch er will die Arbeitermassen mobilisieren und revolutionieren wie Karl Marx und Friedrich Engels. Aber dies erfolgt nicht so sehr durch Warten auf den Niedergang des kapitalistischen Wirtschaftssystems und die einsetzende Verelendung der Massen, sondern die Arbeiterschaft muß durch Kader, durch eine Elite, zielstrebig zu einem klassenbewußten Proletariat gemacht werden. Die Arbeiter von sich aus kommen nach Meinung Lenins nicht weiter als bis zu einer *gewerkschaftlichen* Einstellung, d. h. also: sie begnügen sich mit einer Wahrnehmung ihrer bloß berufsmäßigen Interessen. Lenin will die Arbeiter aber zu *klassenbewußten* und *kämpferischen Proletariern* machen. Dies kann nur von außen an die Arbeiterschaft herangetragen werden, und zwar durch Theoretiker, die aus der bürgerlichen Intelligenz stammen. Sie bilden den Kern und die Elite der Partei. Sie steuern konsequent auf die Revolution zu.

Diese Berufsrevolutionäre stellen sich in ihrem Kampf um die Arbeiterschaft bewußt **gegen** bürgerlichen **»Objektivismus«.** Lenin sagt: »Der Materialismus schließt sozusagen Parteilichkeit ein, die dazu verpflichtet, sich bei jeder Beurteilung eines Ereignisses offen und klar auf den Standpunkt einer bestimmten gesellschaftlichen Gruppe zu stellen.« Diese Gruppe ist natürlich das marxistische Proletariat (Rosental und Judin: Kurzes philosophisches Wörterbuch, 3. Aufl. 1951 [russisch], S. 372).

Einer aus dieser Elite mit Namen *Shdanow* fordert »vernichtende Kritik« an allen Gegnern. Eine neutrale Darstellung führt »unvermeidlich zu Objektivismus«, . . . »zum Verlust des kämpferischen Offensivgeistes unserer Philosophie«, . . . »zum Abgehen vom Grundprinzip des Materialismus – seiner Tendenz, seiner Parteilichkeit« (Shdanow: Kritische Bemerkungen zu dem Buch G. F. Alexandrows: Geschichte der westeuropäischen Philosophie. Berlin 1950, S. 14 – Über »Objektivismus« S. 15).

Weil bei Lenin mehr als bei Marx die Sache der Zerschlagung des Kapitalismus revolutionär nach vorn getrieben wird, ergibt sich auch folgender Unterschied:

3. Bei Lenin wird die »Diktatur des Proletariats« für eine längere Zeitdauer angesetzt als bei Marx.

Diese längere Zeitdauer ist deshalb notwendig, weil die sozialistische Weltrevolution auf sich warten läßt. Durch Erfahrungen belehrt, kam Lenin zu der Erkenntnis, daß »der Sieg des Sozialismus zunächst in wenigen kapitalistischen Ländern oder sogar in einem einzeln genommenen Lande möglich ist« (W. I. Lenin: Über die Lösung der Vereinigten Staaten von Europa, in: Werke, Band 21, Berlin 1960, S. 345).

Aufgrund der historischen Gegebenheiten verwandte darum der Nachfolger Lenins, Joseph Stalin, die Formel vom »Sozialismus in einem Lande«. Im vorliegenden Fall wandte er sie also auf Rußland an. Weil dieses sozialistische Land aber auch Gegner im Innern hat und erst recht Gegner von außen, muß die Diktatur des Proletariats solange bleiben, bis die gesamte kapitalistische Umwelt durch siegreiche Revolutionen bezwungen ist. Darum muß auch parallel zur Diktatur des Proletariats der Staat als Machtapparat nicht abgebaut, sondern im Gegenteil zum **totalen Staat** ausgebaut werden. Hier liegt der Grund dafür, daß Sozialisten mehr Staat und noch mehr Staat anstreben. Absterben kann und darf der Staat erst dann, wenn die Weltrevolution als endgültig vollzogen und gefestigt angesehen werden darf.

Wann wird das sein?
Wird es überhaupt sein?

Jedenfalls: Wir sind gefordert. Der marxistische Sozialismus nötigt uns zu einer Antwort. Wie lautet sie?

4. KAPITEL

Christentum und marxistischer Sozialismus – unvereinbar?

Die bleibende Leistung führender Marxisten

Zwar hat Lenin der »Parteilichkeit« das Wort geredet. Zwar hat sein Theoretiker Shdanow es schärfstens verboten, bei »irgendeinem bürgerlichen Philosophen Verdienste zu würdigen« oder über ihn »ein gutes Wort zu sagen« (Shdanow: a. a. O., S. 17), weil dies »unvermeidlich zu Objektivismus« führe. Aber dem müssen wir entgegenhalten:

Gerade um Objektivität wollen wir uns mühen. Denn nur im Ernstnehmen und in sachlicher Würdigung des Andersdenkenden kann es zur gegenseitigen Befruchtung kommen.

Schon Platon und später Hegel haben gefordert, sich ganz der *Stärke* des Gegners zu stellen. Die Stärke des marxistischen Sozialismus besteht in seiner Weltanschauung. Darum wollen wir uns bewußt dieser weltanschaulichen Herausforderung stellen.

Außerdem haben Christen ein großes Vertrauen zur Durchsetzungskraft der Wahrheit. Wir bemühen uns um ein klassenfreies Denken. Darum stellen wir mit Nachruck fest:

Es ist für jeden Christen beschämend, mit welch einem Eifer, mit welch einer Selbstlosigkeit und Hingabe sich Männer des marxistischen Sozialismus für die gerechte Sache der Arbeiterschaft eingesetzt haben. Ausweisungen, Bestrafungen, Verbannungen, gesellschaftliche Diskriminierung haben sie im Kampf für die entrechteten Arbeiter auf sich genommen, sie, die Führer der Arbeiterschaft, die allermeist aus bürgerlichen Kreisen stammten. Karl Marx war viele Jahre seines Lebens ein armer Mann. Schulden drückten ihn. Dank der finanziellen Hilfe seines Freundes Friedrich Engels konnte er sich »durchschlagen«.

Besonders was Marx und Engels betrifft, möchten wir auch mit Nachdruck auf ihre theoretische Arbeit verweisen.

Die kapitalistische Wirtschaftsweise in ihrem Unterschied zu einer bis dahin vorherrschenden handwerklichen und bäuerlichen Wirtschaftsweise in aller Gründlichkeit aufgezeigt zu haben, ist eine bleibende Leistung von Marx. Er hat den Ausdruck von der »kapitalistischen Klassengesellschaft« geprägt und damit eine programmatische Kennzeichnung gegeben. Das große Verdienst von Karl Marx liegt in der zutreffenden Analyse, d. h. so ist es, so ist die gesellschaftliche Struktur jener Zeit. Er hat durch Entgliederung und Zergliederung den Zustand der Gesellschaft in aller Schärfe erfaßt und aufgezeigt. Damit hat er Jahrzehnte über seinen Tod hinaus gewirkt. Diese Gesellschaftsanalyse wurde auch von christlichen Soziallehrern übernommen.

Aber wie steht es mit der Deutung, die Karl Marx den vorgefundenen Tatbeständen gab?

Und wie steht es mit dem Weg, den die Entwicklung der Gesellschaft nehmen wird und nehmen soll?

Hat der marxistische Sozialismus mit seiner Diagnose und seiner Therapie recht?

Lassen sich Christentum und marxistischer Sozialismus darin vereinen?

Doch gehen wir systematisch vor.

Der marxistische Sozialismus, kritisch hinterfragt

1. Kritische Hinterfragung des philosophischen Materialismus

Was ist ursprünglicher: Geist oder Materie?

Dies ist die höchste und entscheidungsvollste Frage der ganzen Philosophie. Darüber sind sich auch die marxistischen Sozialisten im klaren. Die Antwort auf diese Frage entscheidet darüber, ob ich Atheist oder z. B. Christ bin.

Die marxistischen Sozialisten behaupten:

> Die Materie war immer,
> die Materie wird immer sein,
> die Materie ist absolut.

»Die Materie ist ewig, unendlich, unbegrenzt« (in: Osnovy, Marxistische Philosophie, Moskau 1958, S. 121). »Die Materie ist ursprünglich . . . Der Materialismus anerkennt die Ursprünglichkeit der Materie . . .« (in: Der Sozialismus – Deine Welt, Berlin 1975, S. 65). Folglich ist nicht der Geist das Ursprüngliche. »Die Materie insgesamt ist unvergänglich und in diesem Sinne unendlich« (in: Weltall – Erde – Mensch, Berlin 1954, S. 18).
Weil es nichts von der Materie Unabhängiges und nichts Selbständiges der Materie gegenüber gibt, gibt es keinen Gott. Darum ist der **Atheismus die Folgerung,** die aus dem philosophischen Materialismus gezogen werden muß und gezogen wird. Lenin spricht sie aus: »Atheist zu sein, was ja in der Regel jeder Sozialist auch ist« (Lenin in: Marx-Engels Marxismus. Ausgewählte Aufsätze, Berlin 1946, S. 15). Diese Sätze sind mit dem Christentum absolut unvereinbar. Insofern hat August *Bebel* völlig recht, wenn er das inzwischen geflügelte Wort gesagt hat: »Christentum und Sozialismus vertragen sich wie Wasser und Feuer.« Abgesehen davon, daß der philosophische Materialismus mit dem Christentum unvereinbar ist, ist er auch rundweg falsch.

Die Materie soll ewig sein, soll unerschaffen sein und ewig bleiben? Dazu sagt die heutige Naturwissenschaft nein! Dazu nur zwei Gründe:

1. Die Materie war nicht immer, das wird bewiesen durch den **Zerfall radioaktiver Stoffe.**
2. Die Materie war nicht immer, das wird bewiesen durch das **Entropie-Gesetz.**

Was heißt das?

Wir leben im Zeitalter der Atomenergie. Deshalb haben wir es mit Uran und anderen radioaktiven Stoffen zu tun. Diese Stoffe haben die Eigenschaft, zu zerfallen und sich in bestimmte Zerfallsprodukte umzuwandeln – innerhalb berechenbarer Zeitspannen und in großer Regelmäßigkeit. Mit Hilfe dieser Fakten versuchte man an radioaktivem Gestein den Beginn des Zerfallsprozesses zu errechnen und zog daraus Schlüsse in bezug auf das Alter des jeweiligen Gesteins.

Gewiß, die Naturwissenschaftler sind sich in der Berechnung des Alters der Erde nicht einig. Aufgrund der sogenannten Uran-Blei-Methode wird die Annahme erschüttert, daß die Erde vier, fünf bis sechs Milliarden Jahre alt sei, aber alle Forscher sind sich in der gesicherten Erkenntnis einig: Unsere Erde und damit die Materie hat ihren Anfang. Der Naturwissenschaftler Hans *Rohrbach* schreibt: »Wir haben einwandfreie Methoden, die sich unabhängig voneinander bestätigen und uns zeigen, daß die Zeit nach rückwärts hin begrenzt ist, d. h. daß es mit dem Kosmos einen sozusagen datierbaren Anfang gegeben hat« (H. Rohrbach: Der naturwissenschaftlich Gebildete und der christliche Glaube, S. 8).

Neuerdings wird das Alter der Erde sogar von etlichen Forschern auf 15 Milliarden und noch mehr Jahre angesetzt. Im Gegensatz dazu gibt Eduard Ostermann seinem Buch den Titel »Unsere Erde – ein junger Planet«. Dennoch aber die Gemeinsamkeit: Erde, Sonne und Universum und damit die Materie waren nicht ewig, sondern haben ihren Anfang.

Das wird auch bewiesen durch das **Entropie-Gesetz.** Frage: Was ist und besagt das Entropie-Gesetz?

Verdeutlichen wir es uns an einem Beispiel: Wir nehmen zwei Gläser. Beide Gläser sind halbvoll mit Wasser. Das Wasser des einen Glases ist heiß. Das Wasser des anderen Glases ist kalt. Das kalte Wasser ist deshalb kalt, weil seine winzig kleinen Teile, nämlich seine Moleküle, sich langsamer bewegen als die Moleküle des warmen Wassers. Diese Moleküle sind die kleinste unteilbare Menge derjenigen chemischen Verbindung von Atomen, die das Wasser bilden. Wir nehmen nun das Glas mit dem heißen Wasser und schütten es in das Glas mit dem kalten Wasser. Was geschieht? Es erfolgt eine Wärmeübertragung. Und dies nach einem Gesetz. Es ist das Entropie-Gesetz. Dies Entropie-Gesetz besagt:

Die Wärmeübertragung geht immer in eine Richtung, nämlich vom Warmen zum Kalten. Weil die Wärmeübertragung nur in diese Richtung geht, nennt man sie »Einweg«.

Was ist vor sich gegangen? Dadurch, daß wir das heiße Wasser in das kalte Wasser geschüttet haben, hat das heiße Wasser Energie verloren, das kalte Wasser hat an Energie zugenommen. Zwischen warm und kalt ist ein Wärmeaustausch erfolgt, der zu einem Ausgleich zwischen warm und kalt führte.

Übertragen wir diesen Vorgang nun vom Kleinen auf das Große: Auf die Erde und das Universum.

Auf unserer Erde gibt es nur deshalb Leben, weil es Wärme gibt. Wenn die Sonne keine Wärme sendet, kann kein Getreide wachsen.

Ob im Kleinen (Wasserglas) oder im Großen (Erde, Universum): Die Wärmeenergie geht immer in eine Richtung, und zwar vom Warmen zum Kalten. Diese Wärmeübertragung muß ständig erfolgen, und sie erfolgt auch ständig. Aber weil ständig Wärme zum Kälteren hin übertragen wird, muß einmal der Augenblick eintreten, an dem die Energie Wärme erschöpft ist. Sonne und Sterne werden ihre große Wärmeenergie ausgestrahlt und abgegeben haben. Dann werden die Seen zu Eis erstarren. Dann wird alles Leben in der Natur ersterben. Der **Wärmetod** rafft alles dahin.

Was hat das mit der Entropie zu tun?

Das Wort Entropie können wir am besten mit »Verwandlungsgröße« erklären. Der Begriff Entropie wird in der Wärmelehre gebraucht. Entropie beschäftigt sich thermodynamisch mit dem Ausgleich zwischen Wärme und Kälte. »Wärmetod« besagt, daß die Einbahnstraße zu Ende gegangen ist. Es gibt keinen Wärmeaustausch mehr. *Den Wärmetod können wir auch einfachheitshalber mit Entropietod bezeichnen. Entropietod ist der Zustand, in dem nichts mehr passiert.* Auch die Zeit ist aufgehoben. Der Naturwissenschaftler *Westphal* schreibt: »Das Weltall strebt also . . . einem wahrscheinlichen Endzustand zu, von dem es allerdings noch höchst weit entfernt ist . . . Er ist durch . . . einen Ausgleich aller Temperaturen im Weltraum gekennzeichnet. Diesen Zustand bezeichnet man als den Wärmetod der Welt« (Westphal, Lehrbuch der Physik, 1963, 22.–24. Auflage, S. 257/8).

Welche Konsequenz muß daraus für den **philosophischen Materialismus** gezogen werden? Seine Behauptung von der Ewigkeit der Materie ist **falsch** – auch unter dem Gesichtspunkt des Entropiegesetzes.

Denn wenn die Materie schon immer gewesen wäre,
wenn die Welt schon seit ewig bestünde,
dann müßte der Wärmetod schon längst eingetreten sein.

Da dies aber nicht der Fall ist, ist die Behauptung des philosophischen Materialismus von der Ewigkeit der Materie unzutreffend.

Seitens der Naturwissenschaft wird heute allgemein gelehrt:

1. Das Atom zerfällt.
2. Die Wärme nimmt ab.
3. Raum und Zeit haben einmal begonnen.
4. Der Raum ist nicht unbegrenzt, sondern begrenzt.
5. Auch die Zeit ist nach hinten und vorn begrenzt.

Nochmals: Die Konsequenz, die wir im Blick auf den philosophischen Materialismus ziehen müssen, lautet:

Die Lehre des philosophischen Materialismus ist falsch.

Folglich muß auch die Schlußfolgerung des philosophischen Materialismus nicht gezogen werden, die Existenz Gottes sei wissenschaftlich widerlegt. Vielmehr müssen wir feststellen: Der Atheismus ist unbeweisbar. Sein ausdrücklicher Anspruch, wissenschaftlich zu sein, ist unberechtigt.

Was sagt das Christentum in bezug auf Materie und Welt?

Das Christentum sagt mit dem Zeugnis der Heiligen Schrift: »Am Anfang schuf Gott Himmel und Erde.« Damit beantwortet das Christentum auch die Frage, was ursprünglich gewesen sei: der Geist oder die Materie. Der Geist ist das Ursprüngliche.

Um eine Vermischung und Unklarheit zu vermeiden, müssen wir hier noch auf einen Unterschied hinweisen. Wir müssen unterscheiden zwischen dem philosophisch-idealistischen und dem biblisch-christlichen Geistbegriff. Beide sind nicht identisch. Der biblisch-christliche Geistbegriff leitet sich aus der Offenbarung Gottes in seinem Wort ab. Von dorther wissen wir um die zwei zentralen Aussagen der Heiligen Schrift: »Gott ist Geist« (Joh. 4, 24) und »Am Anfang schuf Gott Himmel und Erde« (1. Mose 1, 1). Hingegen ist der philosophisch-idealistische Geistbegriff das Ergebnis menschlichen Denkens über den Kosmos und die Welt – ihre Entstehung, ihr Werden und Ziel. Der heute gebrauchte philosophische Begriff Geist bildete sich besonders im Zeitalter des Idealismus und da wieder besonders bei Hegel. Zwar spricht Hegel von einem absoluten Geist, der identisch sei mit dem reinen, göttlichen Geist, aber gerade deswegen gilt es den Wesensunterschied zu erkennen. In der Philosophie führt der Weg von unten nach oben, vom Menschen zum philosophischen Gott. In Bibel und Christentum führt der Weg von oben nach unten, vom sich offenbarenden Gott zum Menschen. Von dieser Selbsterschließung Gottes her dürfen wir ganz gewiß sein, daß Gott der Schöpfer der Materie ist: »Und Gott sprach: Es werde . . .«; »Und Gott schuf . . .« Gott in seiner Schöpfungskraft steht zwar nicht im Gegensatz zur Materie, aber in Souveränität, denn er ist ihre Verursachung.

Wenn wir oben schrieben »Der Geist ist das Ursprüngliche«, dann meinen wir also damit Gott, den ewigen Geist.

Dieses Bekenntnis des Christentums ist vernünftig und überzeugend. Die Worte vernünftig und Vernunft sind verwandt. Im Wort Vernunft steckt das Wort »vernehmen«. In unserem Fall heißt das: Wenn wir in die Welt und die Natur hineinlauschen, können wir vernehmen, daß Gott, daß der Geist hier am Werke ist und sein Wort »Es werde« bestätigt. Das wollen wir uns jetzt kurz verdeutlichen:

Die marxistischen Atheisten und Materialisten sagen, der Urgrund der Welt sei materiell. Wir mußten aber feststellen, daß die Materie ihren Anfang hat und sich verändert. Noch nicht einmal die Atome sind unvergänglich. Sogar die Elementarteilchen innerhalb der Atome »können sich beliebig ineinander umwandeln«, stellt der Naturwissenschaftler *Heisenberg* fest.

Folgerung: Was sich verändert und nicht ursprünglich war, kann nicht der letzte Urgrund von allem sein. Denn

Atome und Materie und damit Welt und Natur sind – wie wir sahen – nicht von selbst geworden. Sie müssen darum von einem anderen verursacht worden sein. Denn das wahrhaft Absolute, der wahrhafte Urgrund der Welt muß allem Werden und Vergehen entzogen sein. Das Absolute muß ewig sein; denn sonst wäre es ja selbst gemacht und nicht das Erste. Dieses, was ewig ist, ist Gott, ist der Geist.

Nun möchte sich der atheistische Materialismus damit helfen, daß er den Begriff Urmaterie einführt. Von ihr behauptet er, sie habe sich immer höher entwickelt bis zu den heutigen Formen, die wir in den Pflanzen, Tieren und Menschen vorfinden.

Aber auch das widerstreitet jeder Vernunft, denn dann wäre ja die primitive Urmaterie und das Unvollständigste von allem die letzte Ursache für alles Höhere und das Höchste in dieser Welt. Denn vergessen wir nicht: Einen selbständigen Geist gibt es ja bei den Atheisten nicht. Es gibt keinen Schöpfer. Aus einem primitiven Froschlaich entwickelten sich »ganz von selbst« ohne einen ordnenden Geist schließlich eben doch ein Kant, ein Goethe und ein Einstein. *Wie unvernünftig müssen Menschen sein, um so etwas glauben zu können. Hingegen: Wie leuchtet es vernünftigem Denken ein, daß hinter aller Entwicklung ein ordnender Geist und Wille steht. Die Christen wissen: Es ist Gott.*

Daß der atheistische Materialismus gegen die Vernunft spricht, daß das christliche Bekenntnis von Gott dem Geist und dem Schöpfer aber sehr vernünftig ist, wird auch an folgendem deutlich:

Die Welt ist kein Chaos, sondern ein Kosmos, also ein Ordnungsgefüge.

Wie aber soll eine wunderbare Welt von Gesetzmäßigkeit entstehen ohne Geist, ohne Ordner? Jedes Atom ist nach einer wunderbaren Gesetzmäßigkeit erbaut. Jeder Wassertropfen ist eine Wunderwelt. Und dies alles ist nach dem atheistischen Materialisten ohne einen dahinter stehenden, wirkenden Geist entstanden.

Noch etwas: Die Baugesetze und die Beschaffenheit des kleinsten Atoms hier auf Erden entsprechen den gleichen Baugesetzen und derselben Beschaffenheit der Atome von fernen Sternen. Dies wird durch Meteoriten bewiesen. Wie unvernünftig, wie kurzsichtig ist es doch, hier letztlich immer behaupten zu wollen: »Alles von selbst« – alles entsteht letztlich aus blinden Kräften der Natur. Dabei sollten die atheistischen Materialisten doch zugeben, daß eine geistlose Materie niemals geben kann, was sie selbst nicht hat: nämlich Ordnung, organisches Leben, ja sogar Geist.

Nehmen wir einen Vergleich: Ich habe einen Korb vollgefüllt mit Zigtausenden von Buchstaben des ABC. Nun schütte ich den Korb aus. Welch ein Unsinn, anzunehmen, die zigtausend Buchstaben würden so fallen, daß daraus ein Buch entstünde. Wie gesagt: ganz von selbst!

Die Schöpfung ist solch ein Buch, in dem wir lesen können: ihre Gesetze, ihre chemischen Zusammensetzungen, die Strukturen in den Atomen, im anorganischen und organischen Leben. Welch ein Kunstwerk ist allein schon das Auge! Nochmals: Wie schrecklich kurzschlüssig, hier den wirkenden Geist zu bestreiten und letztlich alles aus dem blinden Zufall abzuleiten. Nein! Aus dem Chaos entsteht kein Kosmos.

Immer wieder müssen wir die Atheisten auch unserer Tage vor diese Fragen stellen. Wir dürfen es ihnen nicht gestatten, sich ohne kritische Hinterfragung ihres atheistischen Materialismus hinwegstehlen zu wollen.

»Die Materie denkt« – Denkt die Materie?

Atheistische Materialisten behaupten wörtlich: ». . . die Materie denkt.« Wir müssen zunächst fragen: Welche Materie denkt? Die Materie des primitiven Urstoffs denkt nicht. Auch die Materie eines Steines denkt nicht.

Und jetzt die Frage: Wie soll sich daraus Höheres entwickelt haben, wenn diese Materie nicht denkt? Wie unbefriedigend ist wieder die Erklärung: Durch den Zufall oder – etwas höher im Niveau – durch Bewegung der Materie. Aber wenn die Frage unbeantwortet bleibt »Woher kommt die Materie?«, dann bleibt erst recht die Frage unbeantwortet »Woher kommt die Bewegung der Materie?«

Was nun die »denkende Materie« betrifft, so sagen die atheistischen

Materialisten: Wir meinen damit das Gehirn des Menschen – diese Materie denkt!

Aber auch das stimmt nicht. Selbst wenn das Gehirn von sich aus denken könnte, wäre zu fragen: Wie gelangt die Materie Hirn zu dieser Fähigkeit? Zwar schreibt *Engels:*

> »Die stoffliche, sinnlich wahrnehmbare Welt, zu der wir selbst gehören, ist das einzig Wirkliche . . . Die Materie ist nicht ein Erzeugnis des Geistes, sondern der Geist ist selbst nur das höchste Produkt der Materie.«

Und Karl *Marx* schreibt zu unserer Frage:

> »Man kann den Gedanken nicht von einer Materie trennen, die denkt.«

So auch *Lenin:*

> »Das Weltbild ist ein Bild dessen, wie sich die Materie bewegt und wie die Materie denkt.«

In diesem Sinne schreibt auch *Stalin* (lange Zeit der Vierte in dem großen Gestirn: Marx, Engels, Lenin, Stalin):

> »Im Gegensatz zum Idealismus . . . geht der marxistische philosophische Materialismus davon aus . . . daß die Materie das Primäre, das Ursprüngliche ist . . . daß das Denken ein Produkt der Materie ist . . . ein Produkt des Gehirns . . .« (Diese vier Zitate entstammen einem Stalin-Aufsatz in: Geschichte der kommunistischen Partei der Sowjet-Union [Bolschewiki]. Kurzer Lehrgang. Berlin 1950. S. 131–143).

Wenn auch alle vier großen Lehrer des Marxismus behaupten, daß die Materie denkt, so ist diese **Behauptung** trotzdem **falsch.**

Ich kann als Mensch Begriffe bilden, z. B. Gerechtigkeit, Wahrheit, Hochmut, Demut. Ich kann als Mensch Gedanken erfassen, z. B. Philosophisches, also Abstraktes. Dieses Abstrakte ist nicht materiell. Das Gehirn ist etwas Materielles. Alles Materielle ist aber grundsätzlich meßbar. Materielles besitzt Ausdehnung. Begriffe, Urteile, Gedankliches haben aber im Gegensatz zu allem Stofflichen nichts Meßbares, keine Ausdehnung, kein Gewicht. Materielles – auch Gehirnsubstanz – einerseits und Begriffe, Gedankliches,

Wesenhaftes andererseits sind also völlig unterschiedlich. Wir können auch sagen: Geist und Materie – einschließlich Gehirnmaterie – sind völlig verschieden.

Gedanken oder eine philosophische Weltanschauung werden nicht, wie die Atheisten behaupten, durch die »denkende Materie« erzeugt, sondern die Geburtsstätte der Gedanken und Begriffsbildungen liegt in dem völlig unausgedehnten Personkern des Menschen, in seiner Geistseele.

Ein Vergleich: Nicht das Klavier bringt die IX. Symphonie hervor, sondern Beethoven. Er bedient sich nur des Klaviers als eines Instrumentes. So erzeugt auch nicht das Gehirn die geistigen Schöpfungen des Menschen, sondern der Mensch bedient sich nur des Gehirns als eines Instrumentes. Wie das Klavier die Voraussetzung für das Spielen ist, so ist das Gehirn lediglich die Voraussetzung zum Denken. Das Denken selbst ist ein geistiges Geschehen.

Also: Woher stammen das Bewußtsein, das Denken, der Geist?

Antwort: Bewußtsein, Denken und Geist können nicht aus einer angeblichen Höherentwicklung der Materie stammen; denn jede Höherentwicklung setzt eine Ursache voraus, die von außen bewirkt wird, eine Ursache, bei der das Höhere als etwas Neues dazukommt. Eine Höherentwicklung aus rohem, primitivem, geistlosem Stoff ist unmöglich. Totes kann nicht Lebendiges von sich aus hervorbringen, kein Gestein eine Rose. Nur Leben kann Leben erzeugen.

Wie überzeugend und einleuchtend ist auch jetzt die Antwort des Christentums, die es mit den Worten der Heiligen Schrift gibt:

Gott schuf sich den Menschen nach seinem Bilde . . . Und Gott blies ihm ein den lebendigen Odem (hebr. Ruach = Geist). Und also ward der Mensch eine lebendige Seele (1. Mose 1, 27 und 1. Mose 2, 7b).

Diese Geistseele ist es, die denkt.

Ergebnis:

Auch jetzt müssen wir wieder feststellen: Der marxistische philosophische Materialismus mit seiner Lehre von der Materie und die christliche Lehre vom Geist sind miteinander total unvereinbar.

Wer objektiv die Argumente abwägt, müßte zugeben, daß sich die Waage zugunsten des Christentums neigt.

Ist Gott eine Erfindung des Menschen?

Genau das behauptet der marxistische Materialismus. Im kommunistischen Manifest schreiben Marx und Engels:

> »Die Gesetze, die Moral, die Religion sind für den Proletarier ebenso viele bürgerliche Vorurteile, hinter denen sich ebenso viele bürgerliche Interessen verstecken . . .«

Diese bürgerlichen – sprich kapitalistischen – Interessen seien die Ursachen dafür, daß den Menschen die Gedanken an die Existenz eines personhaften Gottes und seine Forderungen durch Erziehung suggeriert werden. Damit verbinde sich die Absicht, die Menschen gefügig zu halten und sie als Belohnung für ihre Duckmäuserei mit einem besseren Jenseits zu vertrösten. Entsprechend prägte Karl *Marx* den bekannten Satz: »Religion ist das Opium des Volkes.« Lenin hat den Satz später etwas abgeändert in »Religion ist Opium *für* das Volk«.

Der Glaube an Gott lähme die Menschen. Er hindere sie, gegen ihre kapitalistischen Ketten aufzubegehren. Darum muß nach marxistischer Überzeugung gerade im religiösen Bereich die Kritik ansetzen. Deshalb schreibt *Marx:*

> »Die Kritik der Religion ist die Voraussetzung aller Kritik.«

Lenin schreibt in aller Offenheit:

> »Wir müssen die Religion bekämpfen. Das ist das A und O des gesamten Materialismus und folglich auch des Marxismus« (Zit. in »Kommunist« Nr. 14, Moskau 1955).

Es liegt auf der Hand: Wenn Gott entthront wird, ist der Weg zur **völligen Unabhängigkeit** des Menschen frei. Dann bestimmt der Mensch, was gut und böse, was falsch und richtig ist, ob es ein Leben nach dem Tode gibt oder nicht, ob der Mensch zu einer letzten

Rechenschaftslegung gefordert wird oder nicht. Dann kann sich der Mensch wie Prometheus selber neue Menschen schaffen, die ihm gleich sind »und dich (Gott) nicht achten«.

Marx hat die Konsequenz völlig richtig erkannt, als er, fünfundzwanzigjährig, schrieb:

»Entweder ist Gott Souverän oder der Mensch ist Souverän.«

So hat auch später Jean Paul Sartre gefolgert. Weil Gott im Wege stand, schrieb Marx: »Erst wenn Gott nichts mehr ist, kann der Mensch alles sein.«

Es ist aufschlußreich, daß im Leben von Marx tatsächlich seine **Religionskritik** seiner Gesellschafts- und Wirtschaftskritik zeitlich **voranging.**

Was die Religionskritik betrifft, so waren Marx und Engels gemeinsam Schüler von Ludwig Feuerbach (1804–1872), der vierzehn Jahre älter als Karl Marx war. Als ich in Nürnberg am Denkmal Feuerbachs und später an seinem Grab stand, mußte ich mich fragen, wer wohl glaubenszerstörerischer gewirkt haben mag: Marx oder Feuerbach. In der Breitenwirkung sicherlich Marx. Aber in der Radikalität Feuerbach. Die Radikalität hat Marx von Feuerbach übernommen. Gerade die Beschäftigung mit Feuerbach machte Marx zum Atheisten. Dabei war Feuerbach früher evangelischer Theologiestudent gewesen, und auch Marx hatte ein Bekenntnis zu Jesus Christus abgelegt. Dann aber entwickelte Feuerbach seine **Projektionstheorie.** D. h. der Mensch »projektiert« – verlagert – seine Wunschvorstellung von Vollkommenheit, von Souveränität, von Dauerhaftigkeit aus sich heraus in dieses Wunschbild hinein und nennt es Gott. Gott ist also eine Erfindung des Menschen. Diese Gedanken entwickelte Feuerbach in seinem Buch »Das Wesen des Christentums« (1841). Als sich dann Engels und Marx mit dieser Religionskritik beschäftigten, schrieb Engels: »Die Begeisterung war ungeheuer. Wir waren alle augenblicklich Feuerbachianer.«

Im marxistischen Sozialismus kommt zu dieser Projektionstheorie Feuerbachs noch das Klassenkämpferische hinzu: Religion steht im Dienst der herrschenden Klasse.

Frage: Aber ist Gott denn eine Selbsterzeugung des Menschen?

Antwort: Nein! Gott ist der Selbstoffenbarer, also derjenige, der sich selbst in geschichtlichen Akten geoffenbart hat. Vollends hat sich Gott bezeugt durch die Menschwerdung Jesu Christi. Dieser Jesus Christus ist keine geschichtliche Zufallserscheinung, sondern der durch die Jahrhunderte prophetisch Angekündigte. Mit seinem Kommen in diese Welt erfüllten sich die Verheißungen über sein Kommen.

Allen Marxisten und Atheisten wäre zu raten, sich einmal gründlich mit diesem Problem von Prophetie und Erfüllung zu beschäftigen, also mit dem Problem der Heilsgeschichte.

Was die Menschheit insgesamt betrifft, so verdient auch folgender Tatbestand überdacht zu werden: Wie mag es wohl kommen, daß es so gut wie bei allen Völkern und zu allen Zeiten eine **Urgewißheit** über eine jenseitige Welt und jenseitige Mächte und Kräfte gibt? Gewiß, die Vorstellungen darüber sind verschieden. Aber gerade die Ernsthaftigkeit, mit der der Bereich des Religiösen im Leben der Menschen eine entscheidende Rolle spielt, kann man nicht billig abtun. Nicht der Atheismus sollte aus der Fülle der Religionen gefolgert werden, sondern die Einsicht, daß der Mensch doch wohl im Ewigen wurzeln muß, wenn er sich so sehr mit dem Ewigen und Transzendenten beschäftigt. Angesichts der religiösen Vielfalt drängt sich die *Selbstoffenbarung Gottes* in Jesus Christus geradezu als *notwendig* auf.

Was das Einleuchtende daran betrifft, so müssen wir feststellen: Daß Gott keine fromme Einbildung ist, sondern der Schöpfer Himmels und der Erde – dies ist jedenfalls überzeugender, als daß sich aus einer primitiven, geistlosen Urmaterie durch reine Zufälle höchste Lebewesen mit erstaunlichen Denkfähigkeiten entwickelt haben sollen. Es ist auch einleuchtender, daß Gott in seiner Souveränität das riesige Universum mit seinen Legionen Sternen ins Dasein rief, als daß wir bekennen müßten: Dieses gewaltige Universum mit seiner höchsten Präzision der Gestirnbewegungen entstand »von selbst«. Oder denken wir an die **Entelechie,** dieses Prinzip der Zielstrebigkeit, die uns in der Materie, besonders in Pflanzen, Tieren und Menschen begegnet. Z. B. darin, daß sich aus Raupen farbenprächtige Schmetterlinge entwickeln. Oder darin, daß Bienen sechseckige Waben bauen können, und dies bei geringster Oberfläche, d. h. bei geringstem Verbrauch von Wachs. Dennoch erzielen sie den größtmöglichen Raum. Die theoretische, rechnerische Lösung dieses Wabenbaus hat bedeutenden Mathematikern Kopfzerbrechen verursacht; denn es ist ein Problem der höheren Mathematik. Ohne rechnerische Schwierigkeiten meistern die Bienen diese Aufgaben. Die in ihnen wohnende Entelechie hat sie dazu befähigt. Für Goethe ist Entelechie »ein Stück Ewigkeit«. Wie völlig unbefriedigend ist es hingegen, in materialistischer Weise zu sagen: Hinter der Entelechie steht keine höhere Intelligenz. Die Entelechie ist »von selbst«. Mit den zwei Worten »von selbst« soll gesagt sein: Die Materie als Erst- und Letztinstanz bringt aus sich selbst diese mathematischen Meisterwerke hervor ohne eine geistige Erst- und Letztinstanz, die als Ursache dahinter steht. Das aber ist undenkbar. Darum haben wir recht, wenn wir sagen:

Nein, so einfach können wir es uns nicht machen. Gott ist keine Erfindung der Menschen. Gott ist der Absolute, Gott ist der Grund für alles Seiende.

Der Atheismus des marxistischen Sozialismus zeugt nicht von wissenschaftlicher Gelehrsamkeit, sondern von einem folgenschweren Fehlurteil.

Ergebnis:

Auch in der *Gottesfrage* sind marxistischer Sozialismus und Christentum absolut unvereinbar.

2. Kritische Hinterfragung des marxistischen Sozialismus im Blick auf den dialektischen Materialismus

Wir tun gut, wenn wir den dialektischen Materialismus unterscheiden:

a) in bezug auf die Schöpfung,
b) in bezug auf die Geschichte,
c) in bezug auf die Wirtschaft.

Da wir auf Geschichte und Wirtschaft noch zu sprechen kommen, können wir uns jetzt auf die Schöpfung beschränken.

Hier lautet die entscheidende Frage:

Wie entstehen die Dinge?

Wir erwähnten bereits, daß der marxistische Sozialismus von der »Urmaterie«, aber auch von »denkender Materie« spricht. Wie kommt es nun von dieser primitiven Urmaterie bis hin zu der denkenden Materie beim Menschen? Der Marxismus antwortet: **Durch »dialektische Sprünge«.**

J. Stalin schreibt: »Im Gegensatz zur Metaphysik betrachtet die Dialektik die Natur nicht als einen Zustand der Ruhe und Unbeweglichkeit, des Stillstandes und der Unveränderlichkeit, sondern als Zustand unaufhörlicher Bewegung und Veränderung, unaufhörlicher Erneuerung und Entwicklung« (J. Stalin: Über dialektischen und historischen Materialismus, Berlin 1946, S. 5).

Diese Entwicklung schreitet »vom Einfachen zum Komplizierten, vom Niederen zum Höheren« fort.

Was Stalin über die Metaphysik sagt, stimmt in dieser Pauschalisierung nicht. Aber darauf wollen wir nicht eingehen. Bleiben wir beim dialektischen Materialismus.

Die Entwicklung in der Natur wird durch die »dialektischen Sprünge« erklärt. Dabei unterscheidet der marxistische Sozialismus zwischen »quantitativ« und »qualitativ«. Quantitativ bedeutet hier soviel wie »unwesentlich«, »gradweise«, qualitativ dagegen soviel wie »wesentlich«.

Der dialektische Materialismus gibt im Unterschied zum alten Materialismus erfreulicherweise zu, daß es wesentliche Unterschiede gibt – z. B. zwischen toter Materie und Leben, zwischen Leben und einer Empfindung, die ich habe. Und weiter gibt es einen Unterschied zwischen einer Empfindung – z. B. Freude – und einem Begriff, den ich entwickle, z. B. Gerechtigkeit.

Die Lehre von den »dialektischen Sprüngen«

Wie entstehen nun diese Unterschiede? Durch eine innere **»Selbstbewegung« der Materie.** Zu dieser Selbstbewegung gehören auch die »dialektischen Sprünge«. Z. B.: Hier ist ein Stein und dort ein schlauer Fuchs. Zwischen beiden besteht ein »Wesensunterschied«. Der alte Materialismus erklärte ihn dadurch, daß die Atome bei

Stein und Fuchs jeweils eine andere Anordnung und eine andere Bewegung gehabt hätten. Der dialektische Materialismus erklärt den Wesensunterschied aber durch die »dialektischen Sprünge«. Diese zwei Worte beinhalten:

Die Materie befindet sich in ewiger Bewegung und Veränderung. Anfangs waren die Veränderungen gering, d. h. quantitativ. Sie bezogen sich vornehmlich auf Ausmaße der Materie. Ist aber ein Höchstmaß von Veränderungen erreicht, dann erfolgt ein »dialektischer Sprung«, d. h. es entsteht dann plötzlich ein neues, ein vollkommen anderes Ding – ein Wassertier, ein Landtier, ein Vogel, ein Affe, ein Mensch.

Auf unsere Frage: Wie entstehen die Dinge? antwortet der marxistische Sozialismus also: durch dialektische Sprünge. In der marxistisch-materialistischen Literatur wird als Beweis für dialektische Sprünge oft auf das Wasser verwiesen. Wir können das Wasser z. B. auf 20, 30, 70 oder bis auf 100 Grad erwärmen. Das sind alles »quantitative«, unwesentliche Veränderungen. Wenn wir aber das Wasser auf über 100 Grad erhitzen, dann geht das Wasser in Dampf über. Es erfolgt eine »qualitative«, eine wesentliche Veränderung. Das ergibt durch einen »dialektischen Sprung« ein »neues Ding«. So ist es auch, wenn wir das Wasser unter Null Grad abkühlen. Es wird zu Eis.

Erwiderung

Was haben wir zu erwidern? Zunächst: Durch Erhitzung des Wassers zu Dampf entsteht kein »neues Ding«. Denn das Wasser bleibt seinem Wesen nach derselbe Stoff. Das Wasser geht lediglich aus seinem flüssigen Zustand in einen gasförmigen über. Es erfolgt keine Wesensveränderung.

Aber es geht doch um die Frage nach der Entstehung neuer Wesenheiten. Diese Entstehung neuer Wesenheiten (– aus Stein wird ein Fuchs, ein Mensch –) einfach aus dem Inneren der Materie selbst erklären zu wollen, ist eine Behauptung, aber kein Beweis.

Auch wenn die Lehre von den dialektischen Sprüngen zu Hilfe genommen wird, so ist dadurch doch mit keinem Wort erklärt, wie die Höherentwicklung im Blick auf Natur und Welt möglich wird.

Wer auf außerweltliche Ursachen verzichtet und sich mit bloß innerweltlichen Ursachen begnügt, der fragt nicht gründlich. Die Entstehung neuer Wesenheiten einfach aus dem Inneren der Materie zu erklären, wo doch die Urmaterie primitiv ist und wo es doch keinen Geist gibt, kann nicht überzeugen.

Nun eine Frage an die Vertreter des dialektischen Materialismus, die wir in unseren Jahren der Mondbesteigung und Raumerforschung mit mehr Peinlichkeit für die Materialisten stellen können als z. B. zur Zeit von Marx und Engels. Wenn sich doch alles aus der Urmaterie durch dialektische Sprünge entwickelt und sogar notwendig entwickelt hat – woher kommt die Notwendigkeit? Warum gibt es nur auf unserer Erde dialektische Sprünge, warum nicht auf dem Mond oder dem Mars? Die Materie des Mondes ist zwar jünger, aber wahrhaftig alt genug, um längst dialektische Sprünge gemacht zu haben. Warum gilt hier denn nicht das Gesetz der Dialektik, wo es doch für die Materie grundsätzlich gelten soll?

Wir greifen die Frage auf: Wie entstehen die Dinge? Der Christ antwortet mit der Heiligen Schrift im Blick auf die ganze Vielfalt der Schöpfung:

»Und Gott sprach: Es werde! Und es ward . . . Und er schuf . . . Und er machte . . .«

Auch im Blick auf diesen Teil des dialektischen Materialismus müssen wir wieder feststellen: Marxistischer Sozialismus und Christentum sind nicht vereinbar.

Und mit Wissenschaft haben die Aussagen des dialektischen Materialismus nichts zu tun.

3. Kritische Hinterfragung des historischen Materialismus

Der erste und zentrale Satz des Kommunistischen Manifestes lautet: »Die Geschichte aller bisherigen Gesellschaft ist die Geschichte von Klassenkämpfen.«

Stimmt das?

Das Richtige am historischen Materialismus

Es ist zweifellos richtig, daß es im Laufe der Weltgeschichte auch **Klassenkämpfe gegeben** hat. Denken wir an den Bauernkrieg 1525 in Deutschland oder an die Weberaufstände in Schlesien im 19. Jahrhundert. Auch die Spannungen zwischen Patriziern und Plebejern im alten Rom trugen klassenkämpferische Züge. Eindeutig ging es um Klassenkampf bei dem Aufstand in Paris 1871. Die Auseinandersetzungen zwischen den Tories und den Whigs in England sind nicht frei von klassenkämpferischen Zügen, wenn sie auch nichts mit dem Marxismus zu tun hatten.

Die Kämpfe zwischen der Roten und der Weißen Armee in Rußland sind Ausdruck von Klassenkämpfen. Auch im Deutschland des 19. Jahrhunderts ging es um Klassenkämpfe, sagen wir es präziser: es ging um die Befreiung der Arbeiterschaft aus sozialem Unrecht.

Es ist auch folgende Sicht des historischen Materialismus richtig – und hier wollen wir gründlich von ihm lernen –: Die wirtschaftlichen Verhältnisse sind für das geistige, das sittliche und religiöse Leben der Menschen von größerer Bedeutung, als viele angenommen haben. Wo Menschen hungern und in Elendswohnungen leben müssen, wo das Gespenst der Arbeitslosigkeit umgeht, kann es wahrhaftig zu Verbitterung kommen und zu geballten Fäusten gegen Gott wie auch zum Abfall von einer satten, verbürgerlichten Kirche.

Gerade dann, wenn wir uns der Erkenntnis des Wahrheitsgehalts des historischen Materialismus nicht verschließen, dürfen wir um so nachdrücklicher unsere Bedenken ihm gegenüber anmelden.

Die Rückfragen an den historischen Materialismus

Im wesentlichen sind es **fünf Punkte**, bei denen wir Kritik anmelden müssen.

1. Die Geschichtsperioden

Von der Urgesellschaft wissen wir sehr wenig. Schriftliche Nachrichten liegen nicht vor. Wir sind auf Ausgrabungen angewiesen. Als Friedrich Engels sein Buch »Der Ursprung der Familie, des Privateigentums und des Staates« geschrieben hat, steckte die Völkerkunde noch in ihren Kinderschuhen. Seine Aussagen über die Urgesellschaft sind darum spekulativ. Soweit über die Völkerkunde Erforschungen möglich geworden sind, haben die maßgeblichen Gelehrten unserer Jahre die einhellige Überzeugung: Eine kommunistische Urgesellschaft hat niemals existiert.

Diese Aussagen stützen sich auch auf Untersuchungen an noch lebenden ältesten Völkern wie den kleinwüchsigen Pygmäen und den Feuerländern. Ihre Gewohnheiten und Überlieferungen zeigen, daß es »neben dem persönlichen Eigentum an Kleidung und Schmuck auch sehr frühzeitig schon ein gewisses Sondereigentum an Produktionsmitteln (z. B. Jagdgeräte und Hausrat) gab«. Das müssen selbst Kommunisten unserer Jahrzehnte zugeben (H. Klenner: Der Marxismus – Leninismus über das Wesen des Rechts, Berlin 1954, S. 10). Forschungsergebnisse der Völkerkundler sind in dem dreibändigen Werk von Wilhelm *Schmidt* zusammengefaßt: »Das Eigentum auf den ältesten Stufen der Menschheit«, 1937–1942. Hier wird bezeugt, daß es sehr wohl **Privateigentum** gab: Geräte zur Jagd und zum Fischfang, Wald und Boden, auch Früchte. Wer Geräte herstellte oder wer als erster Land entdeckte oder in Besitz nahm, war der Eigentümer. Dieser Besitz wurde von anderen Menschen respektiert. Ja, die Betreffenden konnten sogar ihr Eigentum verpachten, verschenken oder anderweitig verwenden. Privateigentum ist so alt wie die Menschheit.

Auch was die **Familie** betrifft haben sich die Aussagen Fr. Engels von einem Liebeskommunismus nicht bestätigt. Im Gegenteil. Heutiges Forschungsergebnis: Am Anfang stand eindeutig die Einehe.

Die **Sklavenhaltergesellschaft** ist nicht entscheidend durch *wirtschaftliche* Verhältnisse entstanden, sondern durch *ethische* Gegebenheiten. Nicht, weil ein Teil der Menschen bessere Werkzeuge besaß, kam es zur Sklaverei, sondern weil aufgrund von Herrschsucht und Habsucht und rücksichtsloser Macht- und Gewaltanwendung die technische Überlegenheit mißbraucht wurde. Weil der Marxismus nur wirtschaftlich, aber nicht ethisch denkt, dringt er mit seiner Lehre vom historischen Materialismus auch nicht bis in diese geistig-ethische Schicht vor.

Ein Blick in die USA zeigt, daß die Sklaverei nicht durch klassenkämpferische Sklavenaufstände überwunden wurde, sondern durch Christen, die den weißen Sklavenhaltern die Botschaft des Evangeliums ins Gewissen hineinpredigten. Also Sittliches und nicht Wirtschaftliches war das Entscheidende.

Davon macht auch der **Feudalismus** keine Ausnahme. Gewiß möchten wir die wirtschaftlichen Gesichtspunkte nicht gering veranschlagen. Wir wiesen deshalb z. B. auf den Bauernaufstand hin. In etwa war er schon klassenkämpferisch, aber ganz und gar nicht marxistisch motiviert, auch nicht im Sinn eines indirekten und vorweggenommenen Marxismus. Wirtschaftliche Entwicklungen spulten hier nicht in einer vom Marxismus gelehrten Zwangsläufigkeit ab, sondern elementar Christliches machte die Bauern zu Kämpfern für Recht und Freiheit. Und unchristliches Machtstreben der Ritter schlug den Bauernaufstand nieder.

Die Geschichtsperiode des **Kapitalismus** führt uns in die ganze Problematik des Marxismus und in unsere neuere Geschichte hinein, so daß wir die weiteren Punkte unserer Kritik am marxistischen Sozialismus jetzt einblenden können.

2. Der historische Zwangsablauf

Der historische Materialismus des marxistischen Sozialismus verabsolutiert das Wirtschaftliche. Er meint: Alles in der Geschichte verläuft nach einer bestimmten wirtschaftlichen Zwangsläufigkeit ab. Wegen der völligen Überbewertung des Wirtschaftlichen können wir den historischen Materialismus auch ökonomischen Determinismus nennen, das meint diese **wirtschaftliche Zwangsläufigkeit.** Die Zwangsläufigkeit ist ihrerseits verursacht durch das Gesetz vom Dreitakt, von der Dialektik. Aber auch dieses Gesetz ist hier falsch. Mithin ist beides falsch: die einseitig *wirtschaftliche* Geschichtsauffassung und ihre Begründung durch das Gesetz von der Dialektik.

Dieser historische Materialismus oder auch wirtschaftliche Determinismus drückt sich in *drei berühmt gewordenen Sätzen von Marx aus.* Sie lauten:

> »Die *Produktionsweise* des materiellen Lebens bedingt den sozialen, politischen und geistigen Lebensprozeß überhaupt.

> Es ist nicht das Bewußtsein der Menschen, das ihr Sein, sondern umgekehrt ihr gesellschaftliches Sein, das ihr Bewußtsein bestimmt . . . Mit der Veränderung der ökonomischen Grundlage wälzt sich der ganze ungeheure Überbau langsamer oder rascher um.«

Was besagen nun diese drei fundamentalen Sätze?

Die Lehre vom Unter- und Überbau

Es gibt einen Unterbau, eine Basis, und es gibt einen Überbau. Der *Unterbau* wird gebildet durch die *wirtschaftlichen* Verhältnisse der Gesellschaft. Der **Überbau** besteht nach Marx in den »juristischen, politischen, religiösen, künstlerischen, philosophischen« Vorstellungen oder Anschauungen einer Gesellschaft. Diese Vorstellungen bezeichnet Marx zusammenfassend als **»ideologisch«**. Dieses Wort »ideologisch« beinhaltet gleichzeitig, daß Marx diesen Vorstellungen einen objektiven Wahrheitsgehalt abspricht. Diese Erkenntnis ist entscheidend wichtig. Denn sie besagt, daß es für den Marxismus keine objektiven, geschweige denn letzte Wahrheiten gibt. Das bezieht sich auch und gerade auf das Evangelium.

Die wirtschaftliche Grundlage bestimmt also das Geistige und Kulturelle. Der Unterbau bestimmt den Überbau. Ändert sich der Unterbau, dann ändert sich damit auch der Überbau, d. h. dann ändern sich die »juristischen, politischen, religiösen, künstlerischen, philosophischen« Vorstellungen oder Anschauungen.

Wir wiesen bereits darauf hin, daß Ludwig Feuerbach einmal in einer besonders einprägsamen Weise gesagt hat: »Der Mensch ist, was er ißt.« Dieser Gedanke drückt sich in unseren Tagen in dem Wort »Arbeiterforelle« aus. Aus Gründen wirtschaftlich bedingter Einkommensverhältnisse ißt der Arbeiter nur einen Hering als »Arbeiterforelle«, während der Kapitalist sich eine regelrechte Forelle erlauben kann.

Erwiderung

Was ist über die Lehre vom Unterbau und Überbau zu sagen? Diese Lehre enthält **Falsches und Richtiges.**

Richtig ist, daß der Mensch von den wirtschaftlichen Verhältnissen seiner jeweiligen Zeit mitbestimmt wird. Aber falsch ist es, daß die Kultur, überhaupt das ganze Geistesleben, *nur* ein Produkt der Wirtschaft sei.

Was hat die **Reformation** mit wirtschaftlichen Verhältnissen zu tun? Was mit Klassenkämpfen? Die Reformation entstand dadurch, daß Martin Luther von der Frage umgetrieben wurde: Wie bekomme ich einen gnädigen Gott? Er kam zu der Erkenntnis: durch den Glauben als einen Akt des Vertrauens in das Erlösungswerk Jesu Christi, aber nicht durch Leistung, Ablaßkauf und Selbstkasteiungen. Diese zentral religiöse Frage nach dem gnädigen Gott und die zentral biblische Antwort vom vertrauensvollen Glauben löste eine derartige Bewegung aus, daß sie die ganze damalige Kulturwelt in Atem hielt.

Auch der bereits erwähnte Bauernkrieg macht die Reformation nicht zu einer Wirtschafts- und Klassenkampfangelegenheit. Denn Luther stand auf seiten der Bauern gegen den Adel, als die Bauern ihren Kampf mit geistigen Waffen führten. Als sie aber begannen zu plündern und niederzubrennen, stellte er sich gegen die »mörderischen und räuberischen Rotten« der Bauern.

Jeder, der die Geschichte nicht gewaltsam verdreht, weiß, daß die Reformation ein *religiöses* Geschichtsereignis mit religiösen Wurzeln ist.

Oder schauen wir auf die **Kriege Roms gegen Karthago.** Was haben diese punischen Kriege mit Klassenkämpfen zu tun? Hier stand ein ganzes *Volk* gegen ein anderes Volk, das zum Nebenbuhler geworden war. Bei den Rivalitäten Athens gegen Sparta oder bei den Kämpfen Griechenlands und Mazedoniens gegen die Perser geht es nicht um innenpolitische Wirtschafts- und Rechtsfragen oder um Klassenkämpfe, sondern um außenpolitische Machtkämpfe.

Die Jahrtausende lange Geschichte des Volkes Israel widerlegt eindeutig die Behauptung von der Klassenkampftheorie, aber auch die Lehre vom Unterbau und Überbau.

Es stimmt auch nicht, daß die jeweilige Wirtschaftsform – sei es die kapitalistische oder die sozialistische – die Art und Weise der geistigen Schöpfungen verursacht.

Zwar sagte Engels am Grab von Marx: »Wie Darwin das Gesetz der Entwicklung der organischen Natur, so entdeckte Marx das Entwicklungsgesetz der menschlichen Geschichte . . . daß also die *Produktion der unmittelbaren materiellen Lebensmittel* und damit die jedesmalige ökonomische Entwicklungsstufe eines Volkes oder eines Zeitabschnittes die Grundlage bildet, aus der sich die Staatseinrichtung und die Rechtsanschauungen, die Kunst und selbst die religiösen Vorstellungen der betreffenden Menschen entwickelt haben.« Aber das stimmt nicht. Die Philosophie z. B. eines Kant mit ihrer »Metaphysik der Sitten«, ihrem »kategorischen Imperativ« widerlegen die »Lebensmittel«-Anschauung. Selbst bei aller Anerkennnung des Einflusses von wirtschaftlichen Verhältnissen ist es doch so: Das *sittliche* Empfinden und das *religiöse* Bewußtsein der Menschen bilden erst die Voraussetzung für jede Wirtschaftsform. Ohne Recht, ohne Religion und Sittlichkeit unter den Menschen gibt es gar keine Wirtschaftsform und -ordnung, sondern nur Willkür und Chaos. Das Geistige und Sittliche bildet die Grundlage für das Wirtschaftliche.

Was die Geschichtsauffassung betrifft, die **nur** aus **Klassenkämpfen** bestehen soll, so ist auch sie verzerrt. Für jeden, der die Geschichte ohne marxistische Brille sieht, steht fest: Nicht Klassenkämpfe, sondern vor allem nationale Machtkämpfe sind es, die der Geschichte das Gepräge geben. Kämpfe von *Völkern* und *Rassen* bestimmen im wesentlichen die Auseinandersetzungen. Zwar gab es innerhalb Griechenlands und innerhalb Roms auch Klassenkämpfe. Aber sie haben lange nicht die Bedeutung und die Auswirkung wie die »Außenpolitik«. Rom ging es um den Bestand und Ausbau des Römischen Reiches. Auch England ging es nicht – und schon gar nicht primär – um Klassenkämpfe im Inneren, sondern um sein weltweites Imperium.

Es ist auch nicht so, daß die wirtschaftlichen Verhältnisse das **Kunstschaffen** bestimmen würden. Bachs, Mozarts und Beethovens Werke sind jeweils Schöpfungen ihres musikalischen Genies, oft sogar von äußerer wirtschaftlicher Not begleitet. Der Komponist Brahms soll für junge notleidende Künstler keine finanzielle

Hilfe gegeben haben, nicht weil er geizig gewesen wäre, sondern weil er der Meinung war, gerade die Not sei ein wichtiger Erzieher zu Leistungen.

Die Art des Kunstschaffens bildet also nicht den »Überbau«, der abhängig vom Materiellen und Wirtschaftlichen wäre, die die Basis bilden würden. So behaupten es fälschlich die Vertreter des marxistischen Sozialismus. Sondern das Kunstschaffen ist letztlich unabhängig vom Wirtschaftlichen und vom äußeren Wohlergehen.

Wenn das Kulturleben ausschließlich von Klassen- und Wirtschaftskämpfen bestimmt wäre, dann müßte es in jedem Volk von jeher zwei Weltanschauungen gegeben haben: eine kapitalistische und eine proletarische. Das ist aber nicht der Fall. Im Blick auf die lange Weltgeschichte hätte es doch dann seitens der Proletarier die Klassenkampfweltanschauung geben müssen; ihre wirtschaftliche Grundlage hätte sie doch dazu drängen und hinführen müssen. Es hat sie aber nicht gegeben. Proletarier haben keine eigene, umfassende Weltanschauung hervorgebracht. Als dann endlich im 19. Jahrhundert eine proletarische Weltanschauung entstand, stammte sie nicht von Proletariern, sondern ausschließlich von Bürgerlichen, also von Angehörigen der *»Bourgeoisie«* wie Marx, Engels, Feuerbach, Lassalle, Bebel u. a. Auch Lenin war Beamtensohn.

So wenig wie die Kunst ein Erzeugnis der Wirtschaft ist, ebenso wenig ist es die **Religion.** Das religiöse Fragen der Menschen erwächst aus einer ursprünglichen Anlage. Auch die Theologie läßt sich nicht aus den jeweiligen wirtschaftlichen und sozialen Verhältnissen ableiten. Es ist Marxisten unmöglich, für ihre Theorie den Richtigkeitsbeweis anzutreten. Auch dies macht wieder deutlich, *wie wenig der marxistische Sozialismus wissenschaftlicher Sozialismus ist.*

Was nun den christlichen Glauben betrifft, so spricht er von Gott als einem liebenden Vater. Dieser Glaube entstand sogar in einer Zeit, als im römischen Machtbereich die Sklaverei herrschte und die kapitalistische Wirtschaftsform bestimmend war. Hier entwickeln sich Formen des christlichen Glaubens, die nicht ein Erzeugnis der Wirtschaft waren, sondern sich im *Gegensatz* zu ihr entwickelten.

Der Marxismus behauptet, die Vorstellung von Gott als dem

»Herrn« sei durch die privatkapitalistische Wirtschaftsform verursacht. Denn in ihr gäbe es die Industrieherren. Aber die Menschen haben sich schon immer Gott als »Herrn« vorgestellt. Das wird auch in Zukunft so bleiben. Dazu werden sie allein schon durch den Anblick des nächtlichen Sternenhimmels veranlaßt, wie auch durch ihr Gewissen.

Und nun zur **Sittlichkeit.** Von ihr behauptet zwar der historische Materialismus, daß sie im ganzen als ein »Spiegelbild« der wirtschaftlichen Gütererzeugung entstanden sei. So wie die jeweiligen wirtschaftlichen Verhältnisse, so seien auch die sittlichen Anschauungen. Das aber ist falsch. Das Gebot »Du sollst nicht lügen« hat mit Privat-, mit genossenschaftlicher oder sozialistischer Kollektivwirtschaft nichts zu tun. Das immer gültige Sittengesetz hat eine Unbedingtheit. Diese ist nicht aus wechselnden wirtschaftlichen Verhältnissen entsprungen. *Die Sittlichkeit beruht auf einer sittlichen Anlage im Menschen.* Gewiß ist diese Anlage auch durch wirtschaftliche und soziale Verhältnisse beeinflußbar. Dennoch weiß sich die Sittlichkeit vor ein bestimmendes und allgemeingültiges »Du sollst« gestellt. Wenn die Marxisten recht hätten, daß nur wirtschaftliche Verhältnisse die Art und Weise des Sittlichen bestimmen, dann hätte jedenfalls Immanuel Kant unrecht. Er fordert nämlich: »Handle so, daß die Maxime deines Wollens *jederzeit* zum allgemeinen Gesetz erhoben werden kann.« Ein allgemeines Gesetz sittlichen Handelns gibt es nämlich im Marxismus nicht. Denn hier sind ja die sittlichen Anschauungen jeweils nur das Produkt wirtschaftlicher Verhältnisse. Das heißt praktisch: Im Marxismus gibt es keinen kategorischen Imperativ, kein gebieterisches Du sollst, keine absoluten Werte und Wahrheiten.

Ebenfalls sind auch **Familie und Staat** keine kapitalistischen Erfindungen. Die Entstehung der Familie beruht auf dem Fortpflanzungs- und Gemeinschaftstrieb. *Angeborene* Mutter- und Vaterliebe wirken bei der Familiengründung elementar mit. Die Entstehung des Staates beruht auf dem sozialen Trieb, der mit dem Gemeinschaftstrieb verbunden ist.

Wie die Sittlichkeit als Ganzes von den jeweiligen wirtschaftlichen Produktionsverhältnissen unabhängig ist, wird auch an folgendem deutlich:

Auch bei großer Versuchung durch Not, auch bei wirtschaftlicher Ausbeutung können doch sehr viele Menschen ehrlich und treu sein und nichts entwenden. Umgekehrt: Auch bei sozialistischer Wirtschaftsordnung und »volkseigenen Betrieben« kann es viel Diebstahl geben. Trotz sozialistischer Wirtschaftsordnung seit 1917 in der Sowjetunion und später in anderen sozialistischen Ländern hat der Eigennutz des Menschen nicht aufgehört. Das müßte aber in Wirklichkeit so sein, wenn die Lehre vom historischen Materialismus stimmt, daß die wirtschaftlichen Verhältnisse die Sittlichkeit, die Religion, die Kunst und das Recht bestimmen. Es kommt deshalb auch nicht von ungefähr, daß es noch keinem marxistischen Sozialisten gelungen ist, den *Beweis* dafür anzutreten, daß Sittlichkeit, Religion, Philosophie, Kunst usw. aus der jeweiligen Wirtschaftsform entstanden sind.

Der historische Materialismus ist die Lieblingslehre des marxistischen Sozialismus. Das bestätigt der Sozialist *Bernstein* ausdrücklich. Er schreibt: Es »wird von niemand bestritten, daß das wichtigste Glied im Fundament des Marxismus, sozusagen das Grundgesetz . . . seine spezifische Geschichtstheorie ist, die den Namen materialistische Geschichtsauffassung trägt. Mit ihr steht und fällt es im Prinzip . . .«

Nach dem, was ein unvoreingenommener Blick in die Geschichte uns gezeigt hat, müssen wir feststellen:

> Die materialistische Geschichtsauffassung hält einer kritischen Hinterfragung nicht stand. Da aber mit der materialistischen Geschichtsauffassung der Marxismus »steht und fällt«, ergibt sich als Folgerung: Dann fällt er eben.

Dieses Fallen wird auch deutlich, wenn wir noch kurz seine anderen Lehren kritisch hinterfragen, die wir bereits darstellten.

4. Kritische Hinterfragung der Arbeitswert- und Mehrwerttheorie

Wir erinnern uns: Die Mehrwerttheorie wird bestimmt von der Arbeitszeit. Wenn ich als Arbeiter in sechs Stunden soviel produziere, wie zu meinem Unterhalt und dem meiner Familie erforderlich ist, ich aber in Wirklichkeit zehn Stunden dafür arbeiten muß, dann streicht der Kapitalist den Lohn von vier Stunden für sich ein. Das ist der Mehrwert. Der Kapitalist hat also in unangemessener Weise von meiner Arbeitskraft profitiert.

Diese Theorie krankt wesentlich an dreierlei:

a) Über die *Höhe* des Mehrwerts gibt sich mancher *fantastischen Vorstellungen* hin. Gewiß gab es Zeiten, in denen der Lohn zum Himmel schrie und der Mehrwert unverantwortlich war. Es bleibt das Verdienst des Marxismus, auf diese Kluft zwischen Arbeitszeit und Lohn hingewiesen zu haben. Heute wird zwischen Arbeitgebern und Arbeitnehmern in bezug auf den Lohn um Pfennige gerungen. Beide gehen bis zur Grenze des Möglichen.

b) Bei Karl Marx wird der Mehrwert *nur* in Verbindung mit dem *Produktions*prozeß gebracht. Das ist falsch. Denn Mehrwert wird ausgesprochenermaßen im *Verteiler*prozeß erzielt, also im Handel, im Geld- und Kreditwesen. Es gibt z. B. spekulative Machenschaften, die zu Preistreiberei führen. Es gibt also unter Umständen eine Ausbeutung des *Käufers*. Sie ist vielleicht größer als die Ausbeutung des *Arbeiters*. Denken wir z. B. an die schlagartigen Erhöhungen der Ölpreise.
c) Der eigentliche Mangel der Mehrwerttheorie liegt darin: Bei K. Marx wird die Wertgröße eines Produktes ausschließlich von der *»gesellschaftlich notwendigen«* Arbeitszeit bestimmt, die je nach Stand der Technik erforderlich ist, um ein Produkt herzustellen. Damit wird das Problem verzerrt. Nicht die »gesellschaftlich notwendige« Arbeitszeit, die für ein Produkt aufgebracht wurde, bestimmt allein den Wert eines Produktes, sondern es gibt Güter, die von vornherein einen artverschiedenen Gebrauchswert haben. Wenn ich für die Herstellung eines Goldrings auch nur die gleiche Arbeitszeit brauche wie zur Herstellung eines Messingrings, so ist der Wert des Goldrings doch ungleich höher.

Zwar lebt die Mehrwerttheorie noch im Vulgärmarxismus. Aber führende Sozialisten haben ihr abgeschworen und sie widerlegt.

5. Haben sich die Prophezeiungen des Marxismus erfüllt?

Was hat er denn prophezeit? Im wesentlichen fünferlei:

1. In seiner *Konzentrationstheorie* hat er prophezeit, das Kapital würde sich in immer weniger Händen sammeln, sich also konzentrieren. Grund dafür sei der konkurrierende Wirtschaftskampf, wie er im Kapitalismus geführt werde.

2. Hand in Hand mit dieser »Kapitalakkumulation«, der Kapitalzusammenballung in den Händen immer weniger werdender Kapitalisten, hat Marx die *zunehmende Verelendung der Massen* prophezeit.

3. Aber die Verelendung ist nur die eine Seite. Die Verelendung führt nämlich hin zum Tag der »Expropriation der Expropriateure«, der *Enteignung der Enteigner.* Diese Prophezeiung hat er in seiner Zusammenbruchs- und Revolutionstheorie entwickelt.

4. Nachdem der Aufstand der Massen die Enteignung derer vorgenommen hat, die ihrerseits den Proletariern ihren gerechten Lohn enteignet hatten, wird die *»Diktatur des Proletariats«* eingeleitet.

5. Aber sie ist nur von kurzer Übergangszeit. Denn am Ende steht die Prophezeiung von der *klassenlosen Gesellschaft* mit dem *neuen, sozialistischen Menschen.*

Haben sich diese Prophezeiungen erfüllt? Nein! Sie haben sich nicht erfüllt.

Zwar ist eine Häufung des Kapitals in den Händen von Kapitalisten erfolgt. Aber gleichzeitig ist eine *stets zunehmende Streuung des Kapitals* unbestrittene Tatsache. Anstelle einer zunehmenden Verelendung der Massen hat sich eine *zunehmende Verbesserung* ihrer sozialen Lage und ihres Lebensstandards ereignet. Infolgedessen ist auch kein Aufstand der Massen erfolgt mit dem Ziel der Revolution und der Enteignung der Enteigner. Vielmehr hat sich das gesellschaftliche Bild differenziert. Statt einer grobschlachtigen Aufteilung der Gesellschaft in Kapitalisten und Proletarier haben sich *neue soziale Schichten* entwickelt, z. B. ein breiter Mittelstand. Unendlich viele neue Berufe und ganze Berufsgruppen sind entstanden. Auch viele neue Fabriken und Zulieferbetriebe, viele selbständige Geschäfte.

Der Kommunismus ist zwar im Vormarsch. Aber in den meisten Fällen hat er sich nur in kapitalschwachen Agrarstaaten durchgesetzt. Man schaue auf Rußland selbst. Diese Erkenntnis ist wichtig.

Aufs Ganze gesehen leben wir in einer Zeit fortschreitender Differenzierung des öffentlichen Lebens und der Gesellschaft. Statt prophezeiter Einförmigkeit im zunehmenden Massenelend ergab und ergibt sich eine große Vielfalt.

Wenn wir all dies objektiv feststellen, dann können wir nicht umhin, von einem tragischen Irrweg des Marxismus zu sprechen. Sein Ziel war: über den Weg einer zwangsläufigen dialektischen Entwicklung mit anschließender Revolution hin zur klassenlosen Gesellschaft durch soziale Gleichheit aller. Der Weg dazu war ein Irrweg. Mehr noch: Der marxistische Sozialismus selbst ist ein Irrweg. Mit Evangelium und Christentum sind Weg und Ziel des marxistischen Sozialismus nicht vereinbar.

Damit aber ist das Problem Sozialismus – Christentum keineswegs abgeschlossen. Im Gegenteil. Sozialismus und Christentum befinden sich in einer Bewegung – gerade in unseren Tagen. So stehen wir jetzt vor den Fragen nach der Begegnung zwischen Christentum und einem *demokratischen* Sozialismus. Die Brisanz dieser Thematik ist offenkundig. Gerade deswegen muß eine Auseinandersetzung gewagt werden. Sie kann nur dann erfolgversprechend sein, wenn sie sich um größtmögliche Objektivität bemüht.

5. KAPITEL:

Der demokratische Sozialismus

Geschichtliches

Um dem demokratischen Sozialismus gerecht zu werden, ist es gut, sich in wenigen Daten die Geschichte des Sozialismus zu vergegenwärtigen. Dadurch arbeiten wir uns auch an den Begriff »demokratischer Sozialismus« heran. Die Geschichte des Sozialismus steht unter der Frage: **Reform oder Revolution?** In diesen drei Worten konzentriert sich der Kampf zwischen der radikalen und der gemäßigten Richtung. Stationen des Sozialismus sind:

1830 Um dieses Jahr kam das *Wort Sozialismus* erstmalig auf. Es leitete sich ab vom französischen social (= gesellschaftlich). Diese ersten Sozialisten wollten eine auf wirtschaftlicher Gleichheit beruhende Gesellschaft. Sie schlugen eine nach ihrer Meinung gerechte Verteilung der Güter vor. Sie erstrebten aber eine individualistische Gesellschaft. Herausragend ist das Jahr

1848 mit seinem *»Kommunistischen Manifest«*. Es begann mit dem Satz: »Ein Gespenst geht um in Europa: das Gespenst des Kommunismus.«

Heute ist der Kommunismus kein Gespenst mehr, sondern eine Wirklichkeit. Viele Menschen erwarten von ihm das »Paradies«. Aber die ganz große Mehrheit lebt in Angst und Schrecken vor ihm.

Durch die Deutschen Marx und Engels bekam der Sozialismus im Unterschied zu dem französischen Sozialismus eine radikalere Richtung. Marx und Engels standen in Verbindung mit einem Londoner »Bund der Kommunisten«. Seit dem »Kommunistischen Manifest« wurden die Begriffe Kommunismus und Sozialismus vielfach deckungsgleich gebraucht.

1860 In diesen Jahren gewann Ferdinand *Lassalle* auf die sozialistische Bewegung Einfluß. Er gründete den »Allgemeinen Deutschen Arbeiterverein«. Lassalle vertrat nur halbmarxistische

Theorien. Er war *staatsbejahend.* Einige Zeit dachte er sogar an eine »soziale Monarchie« unter dem König von Preußen. Nach Lassalles Tod (1864 im Duell) spaltete sich der Arbeiterverein in einen nicht-marxistischen Flügel unter Hasenclever und einen marxistischen unter August Bebel und Wilhelm Liebknecht. Als der Verein als Ganzes den Marxismus ablehnte, wurde

1868 in Eisenach die Sozialdemokratische Arbeiterpartei gegründet.

1875 kam es in *Gotha* zum Einigungskongreß zwischen der marxistischen und der Lassalleanischen Richtung. Beide verschmolzen zur »Sozialdemokratischen Partei Deutschlands« unter Führung von August Bebel und Karl Liebknecht.

1877 Die Partei erzielt 493 000 Stimmen und erreicht zwölf Reichstagssitze.

1890 erlangt die Sozialdemokratie bereits *1,5 Millionen Stimmen* trotz der von Bismarck erlassenen Sozialistengesetze.

1891 gibt sich die Partei das *Erfurter Programm.* Es war von Karl Kautzky ausgearbeitet.

1897 trat in Deutschland der »**Revisionismus**« unter Eduard *Bernstein* auf. Hier spitzt sich die Auseinandersetzung auf die Frage zu: *Reform oder Revolution?* Die Reformisten gaben die Antwort »Revolution durch den Stimmzettel«. Die Reformisten wurden zwar viel bekämpft, aber ihre Lehre durchdrang in zunehmendem Maße die sozialdemokratischen Parteien. Überall bildete sich ein rechter und ein linker Flügel, jedoch organisatorisch zusammengehalten in der einen Partei.

1917 setzte sich mit der **Oktober-Revolution** unter *Lenin* in Rußland die linke Strömung durch.

1918/19 kam es in Deutschland zur **offenen Spaltung.** Auf der einen Seite bildete sich der radikale und revolutionäre Spartakusbund unter Karl Liebknechts Führung. Schon vorher hatten sich die Sozialdemokraten in die »Mehrheitssozialisten« und die kriegsfeindlichen »Unabhängigen« gespalten.

In den Jahren nach der Novemberrevolution 1919 war endgültig die *Trennung zwischen Kommunisten und Sozialdemokraten* besiegelt. Die Kommunisten verstanden sich mit Recht als die eigentlichen Erbwalter von Marx und Engels.

Der Kampf zwischen der gemäßigten und der radikalen Richtung durchzieht aber nicht nur die Parteien auf Länderebene, sondern ebenso die **»Internationalen«.**

1864 gründete noch Karl Marx selbst die I. Internationale als Verband der Sozialisten. Sie gab sich den Namen »Internationale Arbeiter-Assoziation«. Ihre Mitglieder waren keine Parteien, sondern Einzelpersonen. Bereits nach acht Jahren, 1872, zerfiel sie am Streit zwischen den ultrarevolutionären Anarchisten unter Führung *Bakunins* und den Marxisten, die die Sieger blieben. Im Vergleich mit den Anarchisten waren sie die relativ Gemäßigten. Aber im Vergleich mit den Revisionisten waren die Marxisten die Radikalen. Bakunin darf im wesentlichen als der geistige Vater der heutigen Terroristen angesehen werden.

1889 folgte die II. Internationale. Man nennt die II. Internationale auch die *sozialdemokratische* Internationale. Denn

1919 gründete *Lenin* die III. oder die *kommunistische* Internationale, abgekürzt *»Komintern«*.

Durch den Ersten Weltkrieg wurde die II. Internationale zerstört, aber nach dem Weltkrieg wurde sie

1923 rekonstruiert.

Beide Internationalen, die II. und III., bekämpften sich bis 1935 sehr heftig. Aber durch den Zweiten Weltkrieg zerfiel die II. Internationale abermals. Nach dem Krieg wurde sie erneuert. Was den maßgeblichen Einfluß in ihr betrifft, so hatte ihn bis 1914 die deutsche Sozialdemokratie. Hingegen dominierte 1923–1938 die englische Arbeiterpartei, ebenfalls nach dem Zweiten Weltkrieg.

1950 wurde die II. Internationale formell erneuert. Ihr jetziger Vorsitzender ist Willy Brandt.

Die Internationale vertritt rund 50 Millionen Wähler.

Die praktischen Ergebnisse der sozialistischen Internationale sind gering. Sie vermochte die zwei Weltkriege nicht zu verhindern. Ihre Zusammenkünfte erschöpften sich meist in Reden. Die Grundlage der sozialistischen Internationale ist die Solidarität der Arbeiter, die aber praktisch – z. B. bei nationalen Streiks – wenig oder gar nicht in Erscheinung trat.

Da sich in unseren Jahren Europa zunehmend formiert, kommt der sozialistischen Internationale wachsende Bedeutung zu. Darauf werden wir noch Bezug nehmen.

Wenn wir uns um eine sachliche Klärung des Verhältnisses Sozialismus – Christentum mühen, dann soll dies in Form eines Gesprächs geschehen.

Gespräch mit dem demokratischen Sozialismus

Die Kardinalfrage, mit deren Beantwortung so gut wie alles steht und fällt, ist in Abwandlung die Gretchenfrage an den Sozialismus von heute und morgen:

Wie hältst du es einerseits mit dem Marxismus und andererseits mit der christlichen Wertordnung?

Wir hoffen, auf den bisherigen Seiten überzeugend dargelegt zu haben, daß es aufs Ganze gesehen keine Vereinbarung zwischen Christentum und Marxismus geben kann. Wir betonen nochmals: Wohl kennzeichnet der Marxismus die sozialen, wirtschaftlichen und gesellschaftlichen Verhältnisse klar und nüchtern. Für diese Situationsdarstellung und seine Analyse gebührt ihm bleibender Dank. Auch für sein selbstloses Engagement für die gerechte Sache der Arbeiterschaft, ein Dank, der die Dimension des Historischen erworben hat. Aber sowohl der propagierte *Weg* aus der beschriebenen Not ist falsch, als auch das erstrebte *Endziel.* Auch seine Sicht vom *neuen,* vom sozialistischen *Menschen,* der das erreichte Endziel bewahren soll, ist rundheraus gesagt falsch, weil illusorisch.

Somit ergeht die Frage an den demokratischen Sozialismus, wie weit er mit der ideologischen Überwindung und Abkehr vom Marxismus Ernst macht, wie weit er wirklich revisionistischer und reformerischer Sozialismus sein will und ist.

Der Blick auf die Geschichte des Sozialismus läßt keinen Zweifel zu, daß der Sozialismus in seiner inneren Auseinandersetzung einen *Klärungsprozeß* durchgemacht hat. Die Frage heute und morgen lautet:

Wieweit wird es bei der Abkehr vom Marxismus *bleiben?* Wieweit wird der demokratische Sozialismus von einem *Neomarxismus* verändert? Anders ausgedrückt: Wieweit wird die sogenannte *»Frankfurter Schule«,* in der sich der Neomarxismus besonders verdichtet und formiert hat, heute, morgen und übermorgen an Einfluß gewinnen? Und wie steht es mit den Jungsozialisten? Wieweit wird bei einem *vereinigten Westeuropa* in den einzelnen Ländern die kritische und distanzierende Auseinandersetzung mit Marxismus und Neomarxismus erfolgt sein, oder wieweit werden die Länder ihm zufallen? Wieweit wird deutsche Sozialdemokratie auf westlichen Sozialismus Einfluß nehmen können, und welchen? *Fragen von schicksalhafter Bedeutung.*

Von ihrer Antwort wird das Verhältnis von Christentum und Sozialismus entscheidend bestimmt.

Gehen wir nun so vor, daß wir jeweils in unser Gespräch *Fragen* einbringen, die gewissermaßen Detailfragen sind, in ihrer Gesamtheit aber das Verhältnis von Sozialismus und Christentum abklären.

Doch zuvor noch eine Bemerkung zum **heutigen Sprachgebrauch.**

Es gibt keine einheitliche und offizielle Definition des Begriffes Sozialismus. Bei dem deutschen Nationalökonomen Werner Sombart (1863–1941) und dem Philosophen Günther Rohrmoser (geboren 1927) wird beim Namen Sozialismus sogar der Nationalsozialismus in den Vorstellungskreis mit einbezogen. Aber Sombart und Rohrmoser bilden damit eine Ausnahme.

Wenn wir den Sozialismus erklären wollen, können wir jedenfalls nicht von der Worterklärung ausgehen, um von ihr zur Sacherklärung zu gelangen. Wir müssen Fragen aufgreifen, die uns im Zusammenhang mit dem Sozialismus beschäftigen.

Wenden wir uns zunächst dem Wirtschaftlichen zu.

Wie steht der Sozialismus zur Sozialisierung?

Unter Sozialisierung verstehen wir die Vergesellschaftung oder Verstaatlichung von Wirtschaftsgütern, d. h. die Überführung von Privatbetrieben in öffentliche Betriebe. Genauer: Sozialisierung bedeutet Überführung aus privatem Sondereigentum in öffentliches Sondereigentum. Es handelt sich also um einen Eingriff in Eigentum.

Ursprünglich hatte Karl *Marx* gefordert, die gesamten Produktionsmittel (Fabriken, Maschinen, Grund und Boden) zu entprivatisieren. Marx wollte also nicht eine Teil-, sondern eine *Totalsozialisierung*. Denn Produktionsmittel in der Hand privater Eigentümer – sprich »Kapitalisten« – führen nach Marx zur kapitalistischen Ausbeutung.

Noch heute vertreten Kommunisten diese ursprüngliche Vorstellung von Karl Marx.

Es läßt die Abkehr vom marxistischen Sozialismus hin zum demokratischen Sozialismus erkennen, wenn die Sozialdemokraten den Gedanken einer Totalsozialisierung – auch Systemsozialisierung genannt – preisgegeben haben. Selbst das Vorhaben einer Teilsozialisierung, der Überführung von einzelnen Betrieben und Wirtschaftsgütern, wird ernsthaft auf seine Wirtschaftlichkeit hin geprüft. Dabei ist festzustellen, daß der angelsächsische Sozialismus, der völlig unmarxistisch ist, dennoch viel mehr zur Sozialisierung von Werken und Betrieben neigt als der deutsche Sozialismus.

Was sagt das Christentum zur Sozialisierung?

Grundsätzlich ist Sozialisierung möglich. Denn es gibt kein absolutes Herrschaftsrecht über Eigentum. Das gilt besonders für die »Produktionsmittel« Grund und Boden, die nie bloß Sache des einzelnen sind, sondern zugleich Sache der Gemeinschaft. Auch das erarbeitete Wirtschaftsgut ist nie bloß als Eigentum des einzelnen anzusehen, sondern zugleich auch als etwas durch die Gemeinschaft Zustandegekommenes. Darum steht Eigentum auch immer in einem Gemeinschaftsbezug. Von daher gesehen ist unter Umständen Sozialisierung möglich. Denn nach christlicher Wertordnung geht Gemeinnutz vor Eigennutz. Es kann die Situation entstehen, in der um des Gemeinnutzes willen eine Sozialisierung gerechtfertigt ist.

Andererseits respektiert die christliche Ethik das Eigentum als etwas Gottgewolltes, wenn auch dem Gemeinwohl gegenüber Verantwortliches. Eigentum gewährt Freiheit und Persönlichkeitsentfaltung.

Aber durch die industrielle und kapitalistische Entwicklung gelangten gewisse Betriebe und Unternehmungen zu solch einer Größe und wirtschaftlichen Macht, daß sie über den Bereich des Privaten weit hinausgingen. Die Verbundenheit mit der Person ging verloren. Denn je enger die Verbundenheit mit der Person gegeben ist, um so mehr erfüllt Eigentum seinen Zweck, dem Menschen einen ihm gebührenden Freiheitsraum zu gewähren. Wenn ich ein eigenes Auto besitze, bin ich frei gegenüber Bussen; wenn ich ein Einfamilienhaus besitze, bin ich frei gegenüber Mietwohnungen. Weil im Wildwuchs des Kapitalismus sowohl der *Personbezug zum Eigentum* wie auch oft die *Überschaubarkeit* des privaten Eigentums nicht gegeben war, kann man die Forderung nach Sozialisierung schon verstehen. Zumal sich eine Verfügungsgewalt über Menschen damit verband, die verwerflich war. Darum stellt sich christliche Ethik auch gegen ein liberalistisches Freiheits- und Verfügungsverständnis, das ebenso falsch ist wie ein kollektivistisches.

Würden wir aber einer Totalsozialisierung das Wort reden, dann würden wir damit die Freiheit vernichten. Es gäbe auch keine Möglichkeit eines *gerechten, menschenwürdigen Lohnes.* Darum kann eine Sozialisierung nur Ausnahme bleiben.

Ferner steht die Frage im Raum: **Was** darf **sozialisiert** werden? Die Ansichten sind verschieden. Es gibt nicht nur Marxisten, sondern auch Neomarxisten, die rechnen dazu: Bergbau, Erz, Kali, Erdöl, Eisen- und Stahlgewinnung, Bank-, Versicherungswesen etc. Jedenfalls: **Mit der Herrschaft über alle »Schlüsselindustrien« bekommt man die Herrschaft überhaupt.** Darum ist christliche Ethik an einer *möglichst großen Streuung von Eigentum* und an *viel Eigentumsbildung* in möglichst vielen Händen interessiert. Das wirkt den Monopolbildungen entgegen. Christen sind gegen Monopole – ob es sich um privat- oder staatskapitalistische Monopole handelt (wie wir letztere z. B. in kommunistischen Staaten haben). Die Freiheit des einzelnen geht dabei allemal verloren.

Es ist sehr erfreulich, daß bei vielen demokratischen Sozialisten das Denken über Sozialisierung und Eigentum viel differenzierter geworden ist, als es früher meist der Fall war. Es wäre eine gute Frucht der Begegnung zwischen Christen und Sozialisten, wenn es hier zu gemeinsamen Einsichten käme. Wir müssen Eigentumsbildung anstreben, Klein- und Mittelbetriebe wollen. Damit schafft man Freiräume, gibt Menschen Interesse an ihrer Arbeit und weckt neue wirtschaftliche Energien. Gerade Eigentumsbildung wirkt der so gefährlichen *Kollektivierung* und *Vermassung entgegen.*

Diese Gedanken sind prinzipiell antimarxistisch. Aber sie sind christlich und richtig.

Der demokratische Sozialismus steht vor der Frage, welche Gedanken er unterstützen will: die gemeinschaftsverantwortlichen Eigentumsgedanken christlicher Ethik oder die neomarxistischen, kollektivistischen Gedanken der Neuen Linken und der Jungsozialisten. Wir möchten keinen Zweifel darüber lassen, daß es ein verhängnisvoller Irrtum auch des Spätmarxismus ist, zu meinen: Je mehr Vergesellschaftung – desto mehr Freiheit, Gerechtigkeit und Wohlstand.

Noch eine Klarstellung zur Sozialisierung. Sozialisierung muß unterschieden werden von Enteignung. Sozialisierung erwächst meist aus *ideologischen* Erwägungen. Sozialisierung will Vergesellschaftung der Produktionsmittel aus politischen Gründen. Hingegen erwächst Enteignung meist aus einem städtischen oder gemeinschaftlichen Allgemeininteresse, das den privaten Einzelinteressen übergeordnet ist. So müssen zum Bau von Autobahnen oder Umgehungsstraßen unumgängliche Bodenenteignungen vorgenommen werden. Aber dies geschieht innerhalb von Rechtsstaaten stets durch ein ordentliches Verfahren und eine entsprechende Entschädigung.

Wie steht demokratischer Sozialismus zu Dirigismus und Planwirtschaft?

Die Sozialisierungsfreudigkeit ist bei den meisten Sozialisten verflogen. Es ist nämlich die Frage wichtiger, *was* mit den Produktionsmitteln geschieht, als *wem* sie gehören. Aber der Gedanke an Planwirtschaft steckt noch in manchen Köpfen. Auch er ist typisch marxistisch.

Auch für den Gedanken der Planwirtschaft und eines wirtschaftlichen Dirigismus müssen wir zunächst Verständnis aufbringen. Denn Marx hatte ja das Schlagwort von der »Anarchie der Produktion« geprägt. Die liberal-kapitalistische Wirtschaft orientierte sich bei ihrer Produktion nicht am Bedarf, sondern am Profit. Diesem Übelstand müsse durch Planung von oberster Stelle abgeholfen werden. Besonders in Frankreich werden Planwirtschaft und Einschränkung der Verfügungsfreiheit der Unternehmen mit dem Wort »Dirigismus« bezeichnet.

Wie soll nun die Planwirtschaft verwirklicht werden? Durch Investitionslenkung nach einem bestimmten Plan. Der Staat steuert durch entsprechende Kreditvergabe an Betriebe die Produktion. Durch diese gesteuerte Investitionslenkung sollen sich die verschiedenen Wirtschaftszweige in Proportion zueinander harmonisch entfalten. Ferner soll durch ein gleichbleibendes Tempo der Investitoren Vollbeschäftigung gesichert werden. Die Absicht ist also edel.

Ein wichtiges Mittel der Planwirtschaft ist auch die Politik des sogenannten leichten Geldes. D. h. zur Sicherung ständiger Vollbeschäftigung muß billiges, zinsniedriges Geld in reichlichem Maß zur Verfügung gestellt werden.

Was sagen Christen dazu?

Hinter dem an sich guten Anliegen einer Planwirtschaft und einer am Bedarf orientierten Wirtschaft steht eine **wirklichkeitsfremde Staatsgläubigkeit** der Sozialisten. Vollends begegnet uns Staatsgläubigkeit bei Kommunisten. Aber auch Sozialisten meinen, der Staat könne alles auf wirtschaftlichem Gebiet regeln. Welch ein bürokratischer Riesenapparat wäre aber dazu erforderlich! Selbst der würde es nicht schaffen, wie Erfahrungen in den sogenannten sozialistischen Ländern eindeutig *beweisen:* In dieser Woche werden Kartoffeln angeboten – und Textilien fehlen, in der nächsten Woche werden Schuhe angeboten – und Obst fehlt.

So geht das ständig weiter, weil alles staatlich dirigiert wird. Es ist aber falsch, vom Staat zu erwarten, er könne für alles aufkommen.

Auch dieses Gedankengut von der Planwirtschaft findet seine heutigen Vertreter besonders in der Neuen Linken und den Jungsozialisten. Ihre Vertreter befürchten bei freier Marktwirtschaft eine Machtballung zugunsten der Wirtschaft. Aber sie übersehen die gefährliche Machtkonzentration des Staates bei planwirtschaftlichem Dirigismus.

Hingegen ist es ein positives Zeichen für geistige Beweglichkeit innerhalb der Sozialdemokratie, daß sich das Gros ihrer Anhänger – jedenfalls in Westdeutschland und weithin auch in Frankreich – sogar der sozialen Marktwirtschaft zugewandt hat, die eine Schöpfung der Christlich-Demokratischen Union ist.

Als Christen wenden wir uns gegen den naiven Glauben an die sogenannte prästabilierte Harmonie, und zwar in doppeltem Sinne. Unter prästabilierter Harmonie verstand die klassische Nationalökonomie, daß der Eigennutzen des einzelnen auch ohne weiteres zum allgemeinen Wohl der Gemeinschaft führe. Daran glaubt heute keiner mehr. Aber es kam trotzdem diesem **naiven Glauben** an eine prästabilierte Harmonie gleich, wenn nun Sozialisten meinten, **durch Planwirtschaft eitel Harmonie** auf dem Gebiet der Wirtschaft **herbeidirigieren** zu können. Zur gesunden Wirtschaft gehört jedoch Wettbewerb.

Christen werden Sozialisten den Dienst erweisen müssen, sie zu warnen, die lenkerische Beeinflussung des Wirtschaftslebens zu überschätzen.

Es ist gut, zwischen Wirtschaftsplanung und Planwirtschaft zu unterscheiden. Wirtschaftsplanung: ja – Planwirtschaft: nein! Es ist erfreulich, daß es führende Sozialisten gibt, die auch im Blick auf die Wirtschaft den Grundsatz anerkennen: »Soviel Freiheit wie möglich, soviel Bindung wie notwendig.«

Im übrigen können wir für die soziale Marktwirtschaft und ihre Anerkennung durch alle demokratischen Parteien gar nicht dankbar genug sein. Gerade sie bringt *christliches* Wirtschaftsverständnis zum Ausdruck. *Sozial* heißt hier gemeinschaftsverantwortlich wirtschaften. *Sozial* richtet sich gegen die Scheußlichkeiten des hemmungslosen, profitgierigen Liberalkapitalismus mit seinen unsozialen Monopolbildungen und seiner künstlichen Verknappung von Waren mit dem Ziel künstlicher Preissteigerungen. *Sozial* geht von einer Partnerschaft aus, nicht aber von einem individualistischen Profitdenken, das – wie Marx richtig gesehen hat – den Klassenkampf bereits in sich trägt.

Dennoch aber *Markt*wirtschaft. Warum? Dem marktwirtschaftlichen Prinzip liegt der Austausch zugrunde. *Der Austausch ist Ausdruck einer gegenseitigen Ergänzungsgemeinschaft.* D. h.: Einer braucht den anderen. Und das ist schöpfungsgemäß. Der Mann bedarf der Frau. Die Frau bedarf des Mannes. Dieses Ergänzungs- und Austauschprinzip gilt auch für die Wirtschaft. So entspricht der Austausch der christlichen Gemeinschaftsidee.

Darum können wir sagen: Die soziale Marktwirtschaft ist schöpfungsgemäß. Schöpfungsgewollt ist Gemeinschaft als Ergänzungsgemeinschaft.

Somit steht **soziale Marktwirtschaft gegen** individualistischen **Kapitalismus** einerseits **und** kollektivistischen **Sozialismus** andererseits.

Christen wollen sozialdemokratischen Politikern, aber auch Liberalen Mut machen, sich gegen Tendenzen zu wenden, die die guten Erfahrungen mit sozialer Marktwirtschaft aufs Spiel setzen. Beides steht historisch fest: Soziale Marktwirtschaft hat sich bewährt, dirigistische Planwirtschaft hat versagt, mußte versagen wie auch eine liberal-kapitalistisch gehandhabte freie Marktwirtschaft.

Es geht um den Grundwert Menschenwürde

Wohl nichts ist für Demokraten wichtiger, als sich gegenseitig so kennenzulernen, wie der jeweilige Demokrat sich selbst versteht und darum auch von anderen verstanden werden möchte. Das gilt besonders im Blick auf Westeuropa mit seinen Liberal-, Christ- und Sozialdemokraten. *Es steht zu befürchten, daß der Wind allen De-*

mokraten noch ganz heftig ins Gesicht blasen wird. Vielleicht kommt die Zeit, wo sie füreinander einstehen müssen und nur in Gemeinsamkeit bestehen können oder aber gemeinsam überrollt werden. Darum müssen wir aufrichtig bestrebt sein, einander wahrheitsgetreu kennenlernen zu wollen. Gerade hier ist noch sehr viel gegenseitige Voreingenommenheit abzubauen.

Um den demokratischen Sozialisten historisch gerecht zu werden, müssen wir uns fragen: Um was ging es und geht es ihnen?

Es hat einmal ein deutscher katholischer Theologe den *Sozialismus* als *»eine verkannte Liebe und ein verletztes Rechtsbewußtsein«* treffend charakterisiert. Wer darum weiß, der schafft eine gute Voraussetzung, die Sozialisten zu verstehen. Denn letztlich ging es ihnen bei ihrer »verkannten Liebe« und ihrem »verletzten Rechtsbewußtsein« um ihre Liebe zum Menschen und ihren Einsatz für seine Würde.

Wir haben uns bewußt die Mühe gemacht, die sozialen und gesellschaftlichen Zustände während der Umtriebe des Kapitalismus besonders im 19. Jahrhundert aufzuzeigen. Was galt damals schon ein Arbeiter?! Wieviel Zurücksetzung mußten die Ärmsten des Volkes erleiden! Wieviel verkanntes, verschmähtes Sehnen nach vollwertiger Gemeinschaft wurde abgewiesen! Wie waren gerade sie, die Opfer rücksichtslosen Profitstrebens, dennoch bereit, Liebe dem ganzen Volk zu schenken und Liebe zu empfangen. Weil sie in den kapitalistischen Ländern ausgenutzt, ja ausgebeutet wurden, kam es zu der traurigen Schlußfolgerung: »Die Arbeiter haben kein Vaterland.« Dennoch sind sie in hellen Scharen bei Kriegsausbruch 1914 unter die jeweils nationalen Fahnen geeilt und in großer Zahl für Volk und Vaterland gefallen.

Sozialisten waren besonders deshalb an den institutionellen Kirchen enttäuscht, weil es gerade die Kirchen hätten vertreten müssen, was die Sozialisten auf den Plan rief: Der Grundwert des Menschen besteht in seiner Menschenwürde. Sie gibt dem Menschen einen unzerstörbaren Adel. In Zusammenhang mit seiner Würde steht die *Arbeit* des Menschen, die es deshalb verdient, besonders geachtet zu werden.

Welch eine völlige Übereinkunft besteht doch hier mit der christlichen Wertordnung! Bei ihr ist Menschenwürde in der Gottesebenbildlichkeit verankert. Arbeit entspricht göttlicher Beauftragung: »Macht euch die Erde untertan.«

Die Gruppe der *»religiösen* Sozialisten« wußte um diese theologische Begründung der Menschenwürde und der menschlichen Arbeit. Bei den übrigen Sozialisten liegt nur eine philosophisch-individualistische Begründung vor: der Mensch wird als vernunftbegabtes Wesen verstanden, das zur Selbstbestimmung befähigt ist. In der **Menschenwürde** sind **alle** Menschen unbedingt **gleich.** Darum gilt der Anspruch auf **Selbstbestimmung** ebenso unabdingbar für alle Menschen – gleich welcher Hautfarbe, welcher Religion, welchen Standes.

Diese Erkenntnis kann nur vertieft werden, wenn zu dieser bloß philosophisch-individualistischen die biblisch-christliche Sicht hinzukommt. Denn der individualistischen Sicht von Menschenwürde und vom Wert der Arbeit fehlt der Blick für den hohen Wert der Gemeinschaft. Die sozialistisch-individualistische Sicht ist sogar gemeinschaftsfeindlich. Das kommt in der Lehre vom Klassenkampf zum Ausdruck. *Darum wäre es eine echte gegenseitige Befruchtung von Christentum und Sozialismus, wenn einerseits Christen wegen ihres Versagens im Blick auf die Menschenwürde aller Rassen und Klassen echte Buße tun würden und andererseits Sozialisten bei ihrem so guten Einsatz für Menschenwürde das Klassenfeindliche und -kämpferische ablegen könnten.* Denn hinter dem Protest der Sozialisten gegen das gesellschaftliche Ausgeschlossensein und gegen ihre geringgeschätzte Pariastellung steht eben doch – ob bewußt oder unbewußt – das Sehnen nach Gemeinschaft und Partnerschaft.

Auch jetzt können wir feststellen, daß die Entwicklung innerhalb des demokratischen Sozialismus immer mehr aus der Protesthaltung gegenüber der Gemeinschaft hinausführt. Dies kommt schlagend dadurch zum Ausdruck, daß sich die Sozialdemokratische Partei Deutschlands bewußt als *Volkspartei* versteht und als solche auch verstanden werden will. In dem Wunsch, eine Partei für alle Schichten des Volkes zu sein, haben Sozialdemokraten und Christdemokraten ein gemeinsames Anliegen.

Die Sozialdemokraten tun gut daran, sich auch jetzt wieder gegen klassenkämpferische Kesseltreiber von links energisch zur Wehr zu setzen, die den Stundenschlag der Zeit nicht gehört haben oder nicht hören wollen. In unserer Zeit kontinentaler Auseinandersetzung und Bedrohung kommen wir nicht weiter mit Klassenbewußtsein und Klassensolidarität. Wir brauchen vielmehr *ganzheitliche* Gemeinschaft und Teilhabe aller an der Gemeinschaft. Nur so kann Menschenwürde verwirklicht werden.

Zur Menschenwürde gehört Freiheit

Die sozialistische Bewegung war von ihren Anfängen an eine Freiheitsbewegung. Schon das Kommunistische Manifest brachte dies zum Ausdruck: Wir haben nichts zu verlieren – nur die Ketten.

Nun ist der Sozialismus im 19. Jahrhundert im Zeitalter des Liberalismus groß geworden. Mit ihm teilt er die Ansicht, *der Mensch sei von Natur aus gut.* Nur könne sich dieses naturhafte Gutsein wegen der fehlerhaften Wirtschafts- und Gesellschaftsordnung nicht entfalten. Es komme deshalb darauf an, die wirtschaftlichen und gesellschaftlichen Fehlerquellen zu beseitigen. Das bedeutet letztlich die Enteignung der Enteigner, die Überführung der Produktionsmittel in die Hände der Arbeiterklasse. Dann werde sich die ursprüngliche Anlage zum Guten voll entfalten können, und der Mensch werde frei sein.

Es ist verhängnisvoll, daß sich das sozialistische Freiheitsverständnis mit dem liberalistischen und nicht mit dem christlichen Freiheitsbegriff verbunden hat. Denn der liberalistische Freiheitsbegriff ist einseitig. Als Freiheit im liberalistischen Sinn wurde gerade im 19. Jahrhundert Ungehemmtheit verstanden. Dieses nun – in Verbindung gebracht mit der damit parallel gehenden liberalistischen Wirtschaftsauffassung – mußte zur größten Unfreiheit führen. Und zwar bei denen, die auf der Schattenseite des Lebens standen. Und das waren ja gerade die Arbeiter. Liberalistische Freiheit auf wirtschaftlichem Gebiet heißt praktisch: Frei bin ich, zu tun und zu lassen, was mir beliebt. Sittliche oder rechtliche Schranken hemmen mich nicht. Auch wenn ich meinen materiellen Vorteil verfolge, so wirkt sich dies am Ende doch günstig für das Allgemeine aus.

Aber darin lag der *Trugschluß*. Dieses gerade auf wirtschaftlichem Gebiet angewandte *Laisser-faire-Prinzip (= gehen lassen, keine Einmischung durch Staat und Gesetz)* führte bei denen, die auf der Sonnenseite der Besitzenden waren, zu mehr und noch mehr Besitz und Wohlstand. Denn sie kannten nur »Freiheit – *wovon?*« – nämlich von sittlichen Einschränkungen und von Autorität. Aber sie kannten keine »Freiheit – *wozu?*« – nämlich zur Verantwortung, zum Dienst.

Wirtschaftlich gesehen **mußte** der liberalistische Freiheitsbegriff zwangsläufig **zum Kapitalismus** mit seinen schrecklichen Ungerechtigkeiten führen.

Dagegen trat der Sozialismus an.

Bei allen objektiv denkenden Menschen muß es unbestritten sein, daß es das historische Verdienst des Sozialismus ist, der Menschenwürde auch die Freiheit zugerechnet zu haben.

Worin liegt dennoch eine gewisse Tragik? Darin, daß sich liberalistisch-sozialistisches Freiheitsverständnis nicht angeeignet hat, was christliches Freiheitsverständnis weiß. Nämlich:

> Nach christlicher Wertordnung ist nicht die Freiheit das Entscheidende, sondern die *Gottgebundenheit.*

An erster Stelle steht: Der Mensch gehört Gott, seinem Schöpfer. An zweiter Stelle steht die Freiheit, die aus der Gottgebundenheit *erwächst.* In dieser Gottzugehörigkeit liegt nicht nur des Menschen Abhängigkeit, sondern auch und gerade des Menschen Adel. Die **Menschenwürde** findet ihre tiefste **Verwurzelung** und Begründung **in der Gottesebenbildlichkeit** des Menschen. In der heutigen Auseinandersetzung geht es um Menschenrechte. Auch hier muß man um die *pyramidische* Reihenfolge wissen: Menschen*rechte* wurzeln in der Menschen*würde.* Menschen*würde* wurzelt in der *Gottesebenbildlichkeit.* Wer sich an der Würde des Menschen vergreift, greift Gott im Menschen an. Darum wird innerhalb der christlichen Wertordnung soziales Unrecht zur Sünde. Diese Sünde hat der Mensch immer wieder begangen. Denn der Mensch ist nicht so harmlos gut, wie naiver Aufklärungsoptimismus lehrte. Die Berufung zur Freiheit kann der Mensch bei sich und anderen mit Füßen treten und sich und andere in Unfreiheit hineinstoßen.

Nun hätten die Sozialisten ihrem so berechtigten Kampf um Freiheit des unterdrückten und ausgebeuteten Menschen mehr Tiefe geben können. Im Bunde mit christlichem, statt liberalistischem Freiheitsverständnis hätten sie ihren Kampf führen können unter dem Ruf: Im Namen Gottes gebt dem Arbeiter Freiheit!

Dann allerdings hätten sie ihrem Kampf nicht nur eine letzte Autorität gegeben, sondern sich auch selber einer letzten Autorität unterstellen müssen. Christen wissen: Es gibt keine Freiheit ohne Bindung. Gerade an dieser Stelle liegen echte Sorgen im Blick auf die heutige Situation. Die große Sorge besteht für Christen darin, daß Freiheit in Autoritätslosigkeit, in uferlose Emanzipation und in Willkür entarten kann. Diese Sorge haben Christen aber nicht nur Sozialisten und Liberalen gegenüber, sondern besonders im Blick auf sich selbst, andernfalls wären sie Pharisäer.

Gleichheit

Auch im Kampf um die Gleichheit der Menschen hat sich demokratischer Sozialismus ein hohes Verdienst erworben.

Neben der Freiheit gehört die Gleichheit aller Menschen zum Kernanliegen der Demokratie. Was uns heute als selbstverständlich erscheint, mußte bitter erkämpft werden. Wenn wir an die frühere ständische Ordnung und das Drei-Klassen-Wahlrecht denken, dann wird deutlich, wie es mit der Gleichheit der Personwürde bestellt war. Es gab Zeiten, in denen das Wahlrecht abhängig war von der Größe des Besitzes oder der Höhe der Steuerzahlungen. Erst im 19. Jahrhundert wurde der Übergang erkämpft zum allgemeinen Wahlrecht mit seiner geheimen, direkten, gleichen und unmittelbaren Wahl.

In bezug auf den Grundwert der Gleichheit haben die Kirchen große Schuld auf sich geladen. Wohl haben sie gewußt und gelehrt, daß Gott jeden Menschen gleicherweise nach seinem Bild geschaffen hat (1. Mose 1, 27), und daß ihm jeder Mensch soviel wert ist, daß er für ihn seinen Sohn leiden und sterben ließ (Joh. 3, 16). Dennoch kannte man weithin in den Kirchen nur eine Gleichheit, die der Kirchenmitglieder, und gravierende Ungerechtigkeiten waren die Norm. Entgegen dem ausdrücklichen Gebot, den Nächsten wie sich selbst zu behandeln, ja: zu lieben (Luk. 6, 31 u. Röm. 13, 8–10), standen die Kirchen nicht ein für die Armen und Entrechteten und ihren Anspruch auf Gleichrangigkeit. Es gab in den Kirchen angehäuften Reichtum, Standesunterschiede, Unbarmherzigkeit und Gleichgültigkeit dem Nächsten gegenüber (Jak. 5, 1–6). Dabei hätte man von ihnen schon längst erwartet zu hören, was dann später 1848 die *Frankfurter Nationalversammlung* in der politischen Forderung zusammenfaßte: *»Gleiches Recht für alle!«* Denn der Gleichheitsgedanke ist eben ein genuin christlicher, weil das Christentum die Gottesebenbildlichkeit jedes Menschen und die Liebe Gottes zu jedem Menschen lehrt, ungeachtet seiner Rasse, seines Standes, seines Geschlechts. Dies hätte zu überzeugenden Konsequenzen im politischen, gesellschaftlichen und sozialen Bereich führen müssen. Kirche und Christentum hätten mit ihrem biblischen Personverständnis entscheidenden Einfluß auf das Werden parlamentarischer Demokratie und eines demokratischen Lebensstils nehmen können. Wenn sich im 19. Jahrhundert die Kirche mit der gleichen Entschlossenheit gegen die *Klassen*diskriminierung der Arbeiterschaft eingesetzt hätte, wie sie dies heute gegen die *Rassen*zurücksetzung der Schwarzen tut: die Auswanderung der Arbeiter aus der Kirche wäre sicherlich nicht so erfolgt, wie dies geschehen ist.

Der Kampf für die Gleichheit schließt den Kampf für die **Gleichberechtigung der Frau** mit ein. Dieser Kampf ist bis zur Stunde noch keineswegs ausgefochten. Gleichberechtigung der Frau erstreckt sich nicht nur auf das politische Gebiet, also z. B. auf die Wahlberechtigung der Frau, sondern auch auf das Gesellschaftliche und Wirtschaftliche, z. B. was Löhne, Berufs- und Ausbildungschancen betrifft.

Gleichheit auf *politischem* Gebiet besagt, daß niemals Regierte durch die Regierenden zu bloßen *Objekten* erniedrigt werden dürfen. Wenn Landesherren ihre Untertanen als Söldner an andere Herrschaftshäuser verkauften, dann spricht dies der Menschenwürde Hohn. Wenn es – wie noch zu Anfang des 19. Jahrhunderts – Arbeitern verboten war, sich in Arbeitervereinen zu organisieren, um so gegen ihre Rechtlosigkeit angehen zu können, dann zeugt dies ebenfalls von einer Verachtung der gottverliehenen Würde der menschlichen Person und von gesellschaftspolitischer Diskriminierung.

Gleichheit in *sozialer* Hinsicht bedeutet, jedem – ob Arbeitnehmer oder Arbeitgeber, ob Mann oder Frau, ob Christ oder Atheist – die gleiche Gelegenheit zur *Entfaltung der Begabungen* zu geben. Wie lange wurde doch gegen dieses in der Personwürde des Menschen verankerte Recht auf Chancengleichheit wissentlich und willentlich verstoßen!

Wie sehr berühren sich auch jetzt wieder Anliegen des Evangeliums mit Anliegen der Arbeiterbewegung.

Daß Gleichheit keine leblose Gleichmacherei meint, wird dann deutlich, wenn wir uns einen weiteren Grundwert vergegenwärtigen, um den es dem demokratischen Sozialismus ging:

Gerechtigkeit

Auch in dieser Beziehung können sich Christentum und demokratischer Sozialismus gegenseitig befruchten.

Die Menschen sind ebenso gleich, wie sie ungleich sind. Die *Gleichheit* bezieht sich auf die gleiche *Personwürde,* das gleiche Recht und die gleichen Chancen. Die *Ungleichheit* bezieht sich z. B. auf das Geschlecht, auf die geistige, seelische und charaktermäßige *Verschiedenheit* der Menschen. Für die Gleichheit gibt es die bereits erwähnte Forderung »Gleiches Recht für alle«. Für die Ungleichheit gibt es den Grundsatz »Jedem das Seine«. Beide Grundsätze sind richtig.

Die Gerechtigkeit steht im Spannungsfeld zwischen Gleichheit einerseits und Ungleichheit andererseits. Gerade die natürliche Ungleichheit gibt um so mehr Grund, allen eine Gleichheit der Gelegenheit zu geben; das gebietet die Gerechtigkeit. Denn ohne diese Gleichheit der Chancen wird die Ungleichheit leicht ein Mittel zur Unterdrückung der weniger Begabten.

Es gab innerhalb der sozialistischen Arbeiterbewegung auch Vertreter eines gleichheitlichen, d. h. eines egalitaristischen Sozialismus. So liegt die Forderung »Gleicher Lohn für alle in der klassenlosen Gesellschaft« auf dieser Linie. Bei diesem Egalitätssozialismus besteht Gerechtigkeit in völliger Gleichheit. Er will im Namen der Gerechtigkeit alle Ungleichheit unter den Menschen einebnen. *Dabei ist gerade dies ungerecht.* Die Ungleichheit unter den Menschen eineben zu wollen, heißt das Leben öde, unerträglich langweilig und besonders ungerecht und unfrei zu machen. *Die Schöpfung Gottes ist auf Mannigfaltigkeit angelegt. Und mit Mannigfaltigkeit ist Ungleichheit gegeben.* Heute wird diese Gleichmacherei von fast keinem Sozialisten mehr vertreten. Selbst innerhalb des kommunistischen Sozialismus ist man radikal davon abgegangen – allerdings in einer Weise, daß die hier nun praktizierte Ungleichheit zur offenkundigen Ungerechtigkeit wird. Es ist eine Tatsache, daß es z. B. vier verschiedene Essensklassen gibt, je nachdem, auf welcher Sprosse der Parteileiter sich der Betreffende befindet. (Ich muß mich hierbei auf einen Dokumentarbericht berufen, der im Deutschen Fernsehen ausgestrahlt wurde.) Die *Bevorzugung* der Funktionäre und Kommissare als der neuen Herrscher- und Oberschicht ist allgemein bekannt. Hier hat sich die ursprünglich erstrebte Gerechtigkeit in *bonzokratische* Ungerechtigkeit verwandelt.

Abgesehen von dieser Pervertierung der Gerechtigkeit liegt Sozialisten eine Ineinssetzung von Gerechtigkeit und Gleichheit sozusagen im Blut. Denn in der sozialistischen Arbeiterbewegung befinden sich ja nicht gerade die Satten, sondern diejenigen, die durch die industriekapitalistische Entwicklung den sozialen Ungerechtigkeiten weithin schutzlos ausgeliefert waren, während diejenigen auf der Sonnenseite in beispielloser und oft skrupelloser Weise ihren Reichtum vermehren konnten. Von dorther kommt es, daß die Ungleichheit von seiten der Sozialisten zwar nicht verboten, aber beargwöhnt wird und sich zu rechtfertigen hat. Ich füge hinzu: nicht zu unrecht. Denn **»das Wesentliche** am Menschen **ist gleich«**, lautet ein Satz christlicher Ethik. Das Wesentliche am Menschen besteht in seinem Geschaffensein von Gott her und auf Gott hin: »Gott hat den Menschen nach seinem Bilde gemacht« (1. Mose 9, 6). Von dorther leitet sich eine Urordnung ab, die allen Menschen eine Gleichheit der Würde verleiht, gleichzeitig aber auch jedem das Seine zuteilt.

Es gibt ein gutes **Beispiel** für die drei Begriffe Gleichheit – Ungleichheit – Gerechtigkeit, das der Zürcher H. Nef in seinem Buch »Gleichheit und Gerechtigkeit« (S. 19) bringt und das Emil Brunner in seiner ausgezeichneten Arbeit »Gerechtigkeit« zitiert: Nach Schluß einer Theatervorstellung eilen alle Besucher zur Garderobe. Wir nehmen an, fünf stellen sich nebeneinander. Hinter den fünf Personen bildet sich je eine Schlange. Wann verfährt nun die Garderobenfrau gerecht? Wenn sie von eins bis fünf der Reihe nach austeilt und wieder bei eins beginnt und nach fünf durchgeht. Nicht gerecht gäbe sie die Garderobe zurück, wenn sie die Schlange eins zuerst ganz abfertigen würde und die Schlangen zwei bis fünf warten ließe. Gerecht ist es, wenn alle gleich lange warten müssen, ohne Rücksicht auf Rang und Stand.

Nehmen wir aber an: Unter den Wartenden befindet sich eine ältere, gebrechliche Dame und ein schwerverletzter Herr. Beiden fällt das Anstehen offensichtlich schwer. Was dann? Dann zeigt sich, daß Gleichheit – mit den andern – für diese beiden auf einem bestimmten Gebiet nicht besteht. Darum wäre eine Gleichbehandlung ungerecht. Unser Gerechtigkeitsgefühl gebietet uns, die beiden vorzulassen.

Also: nicht »allen das Gleiche«, sondern: »allen das Gleiche in Berücksichtigung ihrer Ungleichheit« (E. Brunner: a. a. O., S. 32). *Das heißt: Jedem das Seine.* In dieser *Spannung* liegt Gerechtigkeit. Dadurch wird die *Gleichheit lebensnah und dynamisch*, aber nicht starr.

Angewandt auf die **Arbeiterbewegung** heißt das: Weil jeder Mensch aus der Schöpferhand Gottes kommt, ist jeder auf Gerechtigkeit ansprechbar und zur Gerechtigkeitsverwirklichung verpflichtet. Darum erfüllt die Arbeiterbewegung einen **gottgemäßen Auftrag,** wenn sie sich dafür einsetzt, daß jedermann – und damit auch der Arbeitsmann, aber auch die Witwe und die Waise – ein Leben führen kann, das als *menschenwürdig* zu bezeichnen ist.

Es wäre von unschätzbarem Wert für *Kirche und* sozialistische *Ar-*

beiterbewegung, wenn sie erkennen würden, daß sie in ihrem Einsatz für Gerechtigkeit *aufeinander angelegt* sind. Beide sollten außerdem erkennen, daß sie *nicht mehr dasselbe sind, was sie im 19. Jahrhundert waren. Es wäre ein Rückfall, wenn anstehende Entscheidungen und Begegnungen des 20. Jahrhunderts sich noch mit den Begriffen und weltanschaulichen Inhalten des 19. Jahrhunderts vollziehen würden.* Darum sind wir gerufen, den zerstörerischen Klassenkampf abzubauen und konstruktive Partnerschaft zu verwirklichen.

Noch ein Gedanke zur Freiheit: Wer die völlige und grundsätzliche Gleichheit im Sinne der Gleichmacherei erstrebt, zerstört damit nicht nur die Gerechtigkeit, sondern auch die Freiheit, denn Gleichmacherei ist ungerecht und bewirkt das Ende von Individualität und freiheitlicher Selbstbestimmung.

Abbau von Klassenkampf und statt dessen Verwirklichung von konstruktiver Partnerschaft ist möglich; denn zu den Grundbegriffen des demokratischen Sozialismus gehört auch:

Die Solidarität

Wir wiesen bereits auf die verschiedenen Internationalen hin. Die Bedeutung der Solidarität besonders erkannt zu haben, kann der vierte Stand mit der sozialen Notlage begründen, in der er sich mit der aufkommenden Industrialisierung befand. Da die Notlage nicht national, sondern international war, führte dies auch zum Internationalismus der Arbeiterklasse. Dies veranlaßte die Gegner, die Anhänger des Sozialismus als »vaterlandslose Gesellen« zu verdächtigen. Wir wiesen aber bereits darauf hin, daß der Ausbruch des Ersten Weltkriegs offenbar machte, von welcher doch tiefen Vaterlandsliebe die sozialistische Arbeiterschaft beseelt war. Auch die maßgebenden sozialistischen Politiker waren in Wirklichkeit mehr national als international eingestellt. Das wurde daran erkennbar, daß die angeforderten Kriegskredite bewilligt wurden.

Dies ändert aber nichts daran, daß es im eigentlichen politischen Kampf wesentlich um die Solidarität der Arbeiterschaft unter sich geht. Aber auch hier hat sich eine unverkennbare Öffnung vollzogen, denn die sozialdemokratischen Parteien wollen Volksparteien sein.

Heute bemühen sich die sozialdemokratischen Parteien um eine echte Solidarität mit den Menschen der dritten Welt und ihren Problemen.

Grundwerte in Gefahr

Wir haben uns kurz die fünf Grundwerte des demokratischen Sozialismus vergegenwärtigt:

Menschenwürde,
Freiheit,
Gleichheit,
Gerechtigkeit,
Solidarität.

Es kann nicht bestritten werden, daß der demokratische Sozialismus diese fünf Grundwerte mit dem Christentum gemeinsam hat. Und doch ist dem Christentum eine tiefere Sicht der Grundbegriffe eigen. Aber diese tiefere Erfassung ist auch dem demokratischen Sozialismus möglich. Und zwar in dem Maße, wie er

1. sich bewußt vom marxistischen Sozialismus abwendet und
2. sich dem Christentum zunehmend öffnet.

Die Gefahren der fünf Grundwerte bestehen im Folgenden: Die **Menschenwürde** wird dann unvollkommen erfaßt, wenn sie nicht mit der *imago dei,* mit der Gottebenbildlichkeit des Menschen, in Verbindung gebracht wird. Dann bleibt die *Begründung* für die Menschenwürde im rein Anthropologischen stecken, d. h. der Mensch begründet *von sich aus* die Menschenwürde. Dann kann sie auch wieder von Menschen entwertet werden. In welch grauenhafter Weise dies geschehen ist, dafür gibt der Hitlerismus mit seinen Judenermordungen ein Beispiel. Aber auch der Kommunismus mit seinen Greueltaten, von denen unter anderem Solschenizyn berichtet hat.

Für die Entwürdigung des Menschen legt aber auch die kapitalistische Ausbeutung des Menschen Zeugnis ab, unter der die Arbeiterschaft zu leiden hatte. – Die Sozialisten täten sich selber den größten Dienst, wenn sie die Menschenwürde in Gott verankern würden. Denn wie kann jemals noch eine Entwürdigung des Menschen gerechtfertigt werden, wenn anerkannt wird, daß Gott selbst dem Menschen die Würde verleiht.

Was die **Freiheit** betrifft, so besteht die Gefahr einer Verfälschung des Freiheitsbegriffs durch den ethischen Libertinismus. Auch die Freiheit wird hier nicht mit Gott in Verbindung gebracht. Die Freiheit weiß sich nicht verantwortlich gegenüber Gottes Gebot und Ordnung. Dieses libertinistische Freiheitsverständnis begegnete uns z. B. im Kampf gegen den § 218 und für das Recht auf Abtreibung der Leibesfrucht in den ersten drei Monaten der Schwangerschaft. *Eine Freiheit in autonomer Selbstverantwortung* steht hinter der Parole: »Mein Bauch gehört mir.« Für einen schriftgebundenen Christen ist solch ein Verständnis von Freiheit nicht nachvollziehbar, weil sein Freiheitsverständnis sich an *Gottes Gebot* gebunden weiß, das z. B. gebietet: »Du sollst nicht töten« – . . . auch nicht den vorgeburtlichen Menschen.

Der demokratische Sozialismus muß sich fragen lassen, wieweit er sich mit Strömungen im Sozialismus identifiziert, die eine *völlig herrschaftsfreie Gesellschaft* wollen. Für Marx ist der Gedanke an Gott unerträglich, weil sich mit Gott Herrschaft verbindet. Marx und Marxisten sehen nicht, daß die stolzen Wellen der Herrschaft von Menschen über Menschen gerade am Herrsein Gottes brechen müssen, damit es für alle Freiheit geben kann; denn wer Gott anerkennt und vor ihm verantwortlich lebt, muß jedem Menschen Freiheit einräumen. Frage: Wieweit öffnet sich demokratischer Sozialismus dem christlichen Freiheitsverständnis?

Christliche Freiheit besteht aus drei Elementen:

1. in Freiheit für Gott,
2. in Freiheit von der Welt,
3. in Freiheit für die Welt.

Zur Freiheit *für Gott* gelangt der Mensch durch eine Vertrauens- und Lebensverbindung mit Christus. Dadurch steht der Christ in freier *Gelassenheit der Welt gegenüber,* von der er sich nicht binden läßt, auch nicht durch Ideologien, auch nicht durch kapitalistische Profitgier. Wohl aber weiß sich der Christ in den *Dienst an der Welt* und ihren Menschen gestellt. *Dienen ist das Gegenteil von Herrschen.* Jede Diakonisse und jede Nonne legt in besonders augenfälliger Weise für die dreifache Freiheit des Christen Zeugnis ab.

Beim sozialistischen Freiheitsverständnis sehen wir die große Gefahr, daß der Sozialismus die *Vernunft* des Menschen *überschätzt* und die *Triebhaftigkeit unterschätzt.* Der freiheitlich-demokratische Sozialismus lehnt mit Recht die »Diktatur des Proletariats« ab. Er hofft auf die Einsicht der Vernunft und entsprechendes Verhalten. Aber dem liegt eine Selbsttäuschung über die Vernunft zugrunde. Freiheit durch autonome, vernünftige Einsicht in das, was notwendig ist und was man dann auch tut, bleibt ein Traum. Die Freiheit braucht ihren Herrn. Christen wissen: Es gibt nur einen Herrn.

Sozialisten sprechen von Selbstentfremdung. Die Selbstentfremdung führe zum Verlust der Freiheit. Christen bohren eine entscheidende Schicht tiefer: Die **Selbstentfremdung** des Menschen besteht in seiner **Gottentfremdung.** Rückkehr zu Gott führt in echte Freiheit. Christus sagt: »So euch der Sohn (Gottes) freimacht, seid ihr im vollen Sinne frei« (Joh. 8, 36).

Auch dem **Gleichheits**verständnis fehlt die *religiöse* Begründung. Warum besteht eine Gleichheit aller? Wer nicht weiß und anerkennt, daß Gott gesagt hat: »Laßt uns Menschen machen nach unserem Bilde«, beraubt sich des letztgültigen Arguments, das er gegen Rassenfanatiker geltend machen kann. Warum sind Rassenhochmut und Rassenverachtung Sünde? Letztlich, weil *Gott* im schwarzen und braunen Bruder durch Hochmut und Verachtung beleidigt und entehrt wird.

Wer einwendet, daß es Christen waren, die in den USA Sklavenhandel betrieben haben, und daß es Christen sind, die in Südafrika Schwarze zurücksetzen, berührt eine wirkliche Wunde. Aber in diesen Fällen waren und sind die Betreffenden keine Christen, die das Gebot ihres Herrn befolgen: »Liebe deinen Nächsten wie dich selbst.« Wer das Evangelium ernst nimmt, hat den verbindlichen Maßstab.

Demokratischer Sozialismus kann nur gewinnen, wenn er sich nicht nur vom Marxismus löst, sondern sich positiv zum Evangelium und der christlichen Soziallehre hinwendet.

Das gilt auch in bezug auf das Verständnis von **Gerechtigkeit.** Hier besteht die Gefahr, daß das an sich gute Streben nach Gerechtigkeit auf materielle Bereiche verkürzt wird. Es geht nur um das, was meßbar und berechenbar ist: um gerechten Lohn und gerechte Güterverteilung. Christen achten das nicht etwa gering! Aber es geht um mehr. Jesus sagt: »Der Mensch lebt nicht vom Brot allein.« *Die eigentlichen, wahren Güter des Lebens sind nicht die materiellen und meßbaren, sondern die geistigen, religiösen, ethischen und kulturellen. Sie geben dem Menschen erst Wert, Würde und Adel.*

Der Kampf um Gerechtigkeit ist edel, aber es lauert im Sozialismus doch die Gefahr eines Abrutschens in praktischen Materialismus. Materialismus aber lebt in die Breite.

Was nun die **Solidarität** betrifft, so zeigt der Sozialismus ethische Überlegenheit gegenüber dem Kapitalismus. Der Kapitalismus wollte »Freiheit und diesseitiges Glück«. Dabei war er auf die wenigen Bevorzugten bezogen. Die Solidarität im Sozialismus beschränkt sich nicht auf die soziale Formel »Größtes Glück der größten Zahl«, sondern sozialistische Solidarität will »Freiheit und diesseitiges Glück« für »alle«. Die Solidarität mit der gleichen Klasse ist nur Durchgang zum erstrebten Glück für alle. Darin kommt soziale Gerechtigkeit zur Auswirkung.

Diese altruistische Gesinnung, die allen zu Freiheit und Glück verhelfen will, ist an sich positiv. Dennoch ist die Gesellschaft, die aus allen besteht, im Sozialismus kein Wertbereich, sondern eine Sache der *Zweckmäßigkeit.*

Die Sozialanlage des Menschen hat zwei Seiten: eine, die an der Oberfläche liegt. Das ist die Ergänzungsbedürftigkeit des Menschen. Die andere liegt tiefer und ist wesentlich: Der Mensch ist auf Gemeinschaft angelegt. Nur in der Gemeinschaft wird der Mensch zur Entfaltung seiner Persönlichkeit geführt.

Weil der Sozialismus von seiner marxistischen Abstammung her materialistisch ist, geht es der Solidarität auch heute noch letztlich um Materielles: eben um diesseitiges Glück. Trotz Eingriffe ins Wirtschaftsleben, trotz technischer Verbesserungen, trotz vermehrtem Anteil am Bruttosozialprodukt bleibt innerhalb des Sozialismus der Mensch doch in seiner Vereinzelung. Der Mensch hat in der sozialistischen Gesellschaft wohl mehr: bessere Löhne, einen höheren Lebensstandard. Aber der Mensch ist in der Gesellschaft nicht mehr. Der Mensch ist nur dann mehr, wenn er in der Gemeinschaft zur vollen Persönlichkeitsentfaltung kommt, in der Gemeinschaft mit Gott, wodurch seine Selbstentfremdung überwunden wird, und in der Gemeinschaft mit anderen. Es geht um Werte wie Liebe, Vertrauen, Ehrerbietung, Dankbarkeit, Geborgenheit usw. Diese Werte gibt es nur in der Gemeinschaft. Gemeinschaft ist mehr als Solidarität um materieller Ziele willen, mehr als eine technologisch und materialistisch verstandene Gesellschaft. Gesellschaft ist ein Nützlichkeits- und Zweckverband. Gesellschaft riecht nach Kollektiv. Gemeinschaft dagegen ist etwas Organisches, Lebendiges. Wenn sich in der Gemeinschaft im gegenseitigen Hin und Her, im Geben und Nehmen Liebe und Vertrauen verwirklichen, dann handelt es sich um Selbst- und Gemütswerte, aber nicht um bloße Nutzwerte. Dann ist der Mensch mehr und hat nicht nur mehr.

Die Möglichkeit

Diese vertiefte Sicht von den Grundwerten hat das Christentum. Darauf verweisen Christen aber nicht mit einem Anflug von Selbstgefälligkeit. Christen sind *Beschenkte.* Sie wissen sich aber auch zur Weitergabe geschenkter Offenbarungserkenntnis gerufen.

Darum sagen sie auch diese Erkenntnis den Sozialisten weiter. Nicht als die glücklichen Besitzer, sondern als Beschenkte. Sie sagen dies in menschlicher Solidarität mit den Streitern für Menschenwürde und soziale Gerechtigkeit.

Christen wollen Sozialisten vor die Möglichkeit stellen, sich gemeinsam mit ihnen auf den Weg zu dem zu begeben, dessen großes und erprobtes Wort auch für den politischen und sozialen Bereich gilt:

»Ich bin das Licht der Welt.«

Was die behandelten Grundwerte betrifft, so gehört es zu der erwähnten Gerechtigkeit, festzustellen, daß auch die anderen demokratischen Parteien sich im politischen Bereich um diese Grundwerte mühen.

Sozial und sozialistisch ist zweierlei

Viele Menschen unterscheiden nicht zwischen »sozial« und »sozialistisch«, sondern halten beides für ein und dasselbe.

Gewerbeoberlehrer Dr. Osthoff, Halver, stellte nach eigener Darstellung siebzig Berufsschülern aus drei Klassen die Frage:

Welche Partei hat die soziale Marktwirtschaft in der Bundesrepublik eingeführt?

Um die Antwort zu erleichtern, hatte er die drei im Bundestag vertretenen Parteien an die Wandtafel geschrieben: CDU, SPD, FDP. Er berichtet: »Es ergab sich, daß im Schnitt 80 % der Schüler die soziale Marktwirtschaft der SPD zuordneten.« Diese falsche Zuordnung – statt CDU SPD – läßt um so mehr aufhorchen, als es sich bei den siebzig um Schüler mit Oberschulbildung und zum Teil mit Abitur handelte. 65 % der Schüler waren wahlberechtigt.

Dieses Ergebnis wirft gleichzeitig ein Licht auf die Schulen und Lehrer, die nicht dazu gekommen sein müssen, im Geschichtsunterricht oder in der Gesellschaftskunde diese Fragen abzuhandeln.

Dieses Beispiel zeigt, was weithin in der allgemeinen Vorstellung besteht: *Soziale Leistungen gelten als etwas Sozialistisches.* So versteht man weithin unter Sozialismus die Summe und den Inbegriff alles Sozialen. Diese Vorstellung wird unterstützt, wenn sogar von maßgeblicher Stelle der sozialdemokratischen Partei und vom höchsten sozialdemokratischen Vertreter der Bundesregierung in öffentlicher Rede gesagt wurde, Sozialismus sei ein Mehr an sozialem Fortschritt, ein Mehr an sozialer Sicherheit etc. Diese Sprachregelung – sozial gleich sozialistisch – ist unzutreffend; denn sie verändert und usurpiert den Begriff sozial. Demnach wären Sozialhilfe, Arbeitslosenunterstützung, Krankenversicherung, überhaupt alle sozialen Errungenschaften als sozialistisch zu bezeichnen. Wenn diese beabsichtigte Sprachregelung richtig wäre, dann müßten alle politischen Parteien als sozialistisch bezeichnet werden, die sich um sozialen Fortschritt, um soziale Einrichtungen, um soziale Marktwirtschaft bemühen. Da sich in den westlichen Demokratien alle Parteien darum bemühen, wären sie alle sozialistisch. Da das aber keineswegs der Fall ist, erweist sich die Ineinssetzung von sozial und sozialistisch als unzutreffend.

Entgegen dieser versuchten Sprachregelung müssen wir feststellen, was auf den bisherigen Seiten deutlich geworden ist: Sozialismus ist nach eigenem Verständnis eine **Ideologie,** eine Bewegung. Sozialismus hat nicht zum *Ziel,* soziale Mißstände *unmittelbar* abzustellen; sondern Sozialismus ist eine Weltanschauung, die sich eine *grundlegende* Veränderung und Umkrempelung der wirtschaftlichen und gesellschaftlichen Verhältnisse zum Ziel gesetzt hat. Entsprechend ist auch das Wort sozialistisch zu verstehen. Sozialismus und sozialistisch wollen das Gegenteil sein von Kapitalismus und kapitalistisch.

Hingegen ist der Begriff »sozial« nicht ideologisch geprägt. Das Wort »sozial« ist im Lateinischen mit dem Wort »socius« = Genosse verwandt. Sozial bezieht sich auf die menschliche Gemeinschaft und ihre Ordnung an sich. In einem weiteren Sinn hat sozial die Bedeutung von gemeinschaftsfördernd. Entsprechend will die »Sozialwissenschaft« eine Gemeinschaftsordnung untersuchen, fördern und verbessern. »Sozialpädagogik« verfolgt als Ziel die Förderung von Menschen in ihren zwischenmenschlichen Bereichen. Sozial und sozialistisch müssen also streng unterschieden werden. *Sozialistische Politik kann durchaus sozial sein, aber unter Umständen auch sehr unsozial, wie z. B. in den sozialistischen Ländern in bezug auf die Menschenrechte. Hingegen kann soziale Politik unter Umständen antisozialistisch sein, wie z. B. in der Eigentumsfrage.*

Anfragen an den demokratischen Sozialismus in bezug auf Erziehung und Bildung

Ein Wort des Dankes

Im »Grundsatzprogramm der Sozialdemokratischen Partei Deutschlands«, dem sogenannten Godesberger Programm von 1959, lesen wir auf Seite 21:

»Erziehung und Bildung sollen allen Menschen die Möglichkeit geben, ihre Anlagen und Fähigkeiten unbehindert zu entfalten.«

Auf Seite 22 steht:

»Organisation des Schulwesens und Lehrpläne müssen so gestaltet werden, daß sich alle Begabungen auf allen Stufen der Entwicklung entfalten können. Jedem Befähigten muß der Weg in weiterführende Schulen und Ausbildungsstätten jederzeit offenstehen.«

Wir sind dankbar, daß es sich hier nicht um bloße Absichtserklärungen handelt, sondern daß es als vorbildlich bezeichnet werden kann, was hier geleistet worden ist.

Und folgendes wird bereits 1959 im Godesberger Programm in finanzieller Hinsicht als Ziel angesprochen:

»Der Besuch aller öffentlichen Schulen und Hochschulen muß kostenlos sein. Lehr- und Lernmittel sollen an diesen Schulen und Hochschulen unentgeltlich zur Verfügung stehen« (S. 22).

Auch diesbezüglich ist getan worden, was möglich war, so daß es sogar zu finanziellen Engpässen kam. Aber das unterstreicht das aufrichtige Mühen um ein weitgefächertes Bildungsangebot und großzügige Ausbildungsförderung.

Ein Wort der Sorge

Christen lesen mit voller Zustimmung im Grundsatzprogramm:

»Die Jugend ist in den Schulen und Hochschulen . . . für die Ideale der Demokratie und der Völkerverständigung zu erziehen . . .« (S. 21).

Allerdings ergeben sich ernste Rückfragen an einer bestimmten Stelle des Grundsatzprogramms im Abschnitt »Grundforderungen für eine menschenwürdige Gesellschaft«. Dort heißt es:

»Sozialismus wird nur durch die Demokratie verwirklicht, die Demokratie durch den Sozialismus erfüllt« (S. 8).

Der erste Teil dieses Satzes ist ein klares Bekenntnis zur Demokratie. Dadurch wird deutlich, daß wir wirklich zwischen marxistischem und kommunistischem Sozialismus einerseits und demokratischem Sozialismus andererseits unterscheiden müssen. Wer nicht differenziert, sondern pauschalisiert, ist ungerecht.

Aber wie sollen wir den zweiten Teil dieses Satzes verstehen: »Die Demokratie (wird) durch den Sozialismus erfüllt?« Der Vorsitzende der SPD, Willy *Brandt*, hat sogar erklärt, daß sich die Demokratie **»nur«** durch den Sozialismus erfülle. Er greift das Wörtchen »nur« im ersten Teil der erwähnten Formulierung des Grundsatzprogrammes auf und wendet es auch für den zweiten Satzteil an. In dem Wörtchen »nur« steckt eine Verabsolutierung. Das Wörtchen »nur« beinhaltet, daß in nichtsozialistischen Parteien die Demokratie nicht erfüllt wird. Aber dies behaupten zu wollen, hieße doch, alle anderen zu Demokraten zweiter und dritter Klasse zu degradieren. Das können sozialistische Demokraten doch nicht im Ernst mit christlichen und liberalen Demokraten tun wollen. Damit würden soziale Demokraten letztlich die gemeinsame Basis aller Demokraten – nämlich das demokratische Wahlrecht und die parlamentarische Demokratie – in Frage stellen.

Weiter lesen wir: »Die Jugend ist in den Schulen und Hochschulen . . . für die Ideale der Demokratie und der Völkerverständigung zu erziehen . . .« Angesichts dieses begrüßenswerten Satzes müssen wir die Frage stellen: Wie sieht es mit der Erziehung für die »Ideale der Demokratie« in Wirklichkeit aus? Wieder steht die Gretchenfrage im Raum: Wie hältst du es mit dem Marxismus in deiner eigenen Partei? Es ist deutlich geworden, daß marxistischer Sozialismus nicht »die Ideale der Demokratie« verkörpert und kommunistischer Sozialismus erst recht nicht.

Um so besorgter sind wir über folgenden Tatbestand, von dem der Philosoph Günther *Rohrmoser* in seinem 1977 erschienenen Buch »Zeitzeichen« berichtet:

> »Z. B. hat vor kurzer Zeit ein Wissenschaftler der Freien Universität in Berlin, der einen Ruf in die Vereinigten Staaten von Amerika annahm, mitgeteilt, daß man davon ausgehen müsse, daß in diesem und im nächsten Jahr die Freie Univer-

sität rund 4000 voll akademisch ausgebildete Marxisten verlassen werden, und von diesen 4000 handle es sich bei 2000 um angehende Lehrer, bei 250 um angehende Erziehungswissenschaftler, und der Rest verteile sich auf die übrigen Sozialwissenschaften« (G. Rohrmoser: Zeitzeichen, Bilanz einer Ära, Stuttgart 1977, S. 294f.).

Rohrmoser weist ebenfalls auf eine Befragung von Junglehrern des Landes Hessen hin. Sie wurden befragt, »was sie von der Notwendigkeit einer sozialistischen Überwindung und Veränderung unseres gesellschaftlichen Systems halten«. Von den befragten Lehrern waren 80 % von der »Notwendigkeit einer sozialistischen Systemveränderung oder gar -überwindung überzeugt«. Von diesen 80 % waren es wieder 40 %, die meinten, »daß sie nicht einmal zu einem Minimum an Loyalität dem Staate gegenüber verpflichtet seien« (G. Rohrmoser, a. a. O., S. 295). Eine »sozialistische Systemveränderung« für notwendig halten, das ist allerdings etwas anderes als sich »für die Ideale der Demokratie« einsetzen. Oder schlägt hier der Satz durch: »Demokratie (wird) durch den Sozialismus erfüllt«, nach Willy Brandt »nur« durch den Sozialismus? Muß diese Erfüllung der Demokratie sich in »sozialistischer Systemveränderung« verwirklichen?

Wer ist eigentlich dafür mittelbar und unmittelbar verantwortlich, daß 80 % der Junglehrer eine »sozialistische Systemveränderung« für »notwendig« halten und daß an der Berliner Freien Universität in einem einzigen Jahr »rund 4000 voll akademisch ausgebildete Marxisten« die Universität verlassen werden? Wir werden es nicht ohne weiteres klären können, wie viele von den 80 % und den rund 4000 sich zur sozialdemokratischen Partei rechnen, sie wählen oder Mitglieder der Partei sind. Darum können und wollen wir die sozialdemokratische Partei auch nicht dafür verantwortlich machen. Daß wir aber ernsthaft besorgt sind, hier könnte tatsächlich marxistischer Sozialismus stark in den demokratischen Sozialismus hineinwirken, dafür möge man bitte Verständnis haben.

Ich las in einem bayerischen evangelischen Sonntagsblatt, daß die Zahl marxistischer Lehrer, die von den pädagogischen Akademien in den Schuldienst gingen, hoch in die Zehntausende gehe. Auch dieser Tatbestand ist äußerst besorgniserregend.

Erziehung – wozu?

»Demokratie erfüllt sich im Sozialismus.« Diese beiden Begriffe müssen wir deshalb besonders beachten. Wir müssen sie mit dem Erziehungsproblem in Zusammenhang bringen: »Die Jugend ist in den Schulen und Hochschulen . . . für die Ideale der Demokratie . . . zu erziehen.« Diese Ideale müssen zu dem Sozialismus in innerer Beziehung stehen; denn »Demokratie erfüllt sich (ja) im Sozialismus«. Nun lautet die entscheidende Frage:

Worum geht es in einer sozialistisch verstandenen Erziehung?

Es geht schwerpunktartig um zweierlei:

1. um Emanzipation,
2. um Sozialisation.

Emanzipation

In der Pädagogik versteht man unter Emanzipation die Ausbildung des Menschen zu einer selbstbewußten und selbständigen Persönlichkeit. Dagegen ist an sich gar nichts einzuwenden. Aber im vorliegenden Fall verbindet sich mit dem Verständnis von Emanzipation die Befreiung des Menschen aus allen Abhängigkeiten. Der Mensch soll sich nach Zielen verwirklichen, die er sich unabhängig von seiner Umwelt selber wählt.

Die Frage, die sich hier anschließt, lautet: Von welchen Abhängigkeiten wird Befreiung angestrebt? Antwort: Z. B. von Abhängigkeiten in der Familie, in der Schule, im Beruf. Das Abhängigsein soll voll durchschaut werden. Der junge Mensch soll z. B. zu den Fragen angeleitet werden:

Von welch einer Einstellung und welchem Denken werden die Abhängigkeiten bestimmt, denen ich mich ausgesetzt sehe? Abhängigkeiten verbinden sich immer mit Autoritäten. Diese Autoritäten sollen kritisch hinterfragt werden. Ein distanziertes Verhältnis wird angestrebt. Auf diese Weise soll die zu erziehende Jugend die Fähigkeit erwerben, sich selbst zu finden, selbst zu bestimmen und selbst zu verwirklichen.
Machen wir uns das am praktischen **Beispiel** der **Familie** deutlich.

Es werden Fragen gestellt wie:

> Wer dominiert in der Familie?
> In welchen Aktionsformen äußert sich diese Dominanz?
> Wie gehen Eltern mit ihren Kindern um (streng, zärtlich, launisch)?
> Wie wird gestraft, wann (Anlässe), von wem?
> Wie ist der Kontakt zwischen Eltern und Kindern (Mahlzeiten, abends, tagsüber, am Wochenende, in den Ferien)?
> Wie verhalten sich die Eltern untereinander? (Formen des Konfliktaustragens, Anlässe für den Streit . . .)

Mit der Forderung nach Emanzipation verbindet sich ganz selbstverständlich eine kritische und abwehrende Einstellung zur Autorität.

Nun kann mit Recht gefragt werden: Was hat denn der demokratische Sozialismus mit der Emanzipation und der Abwertung der Autorität zu tun?

Die erwähnten Fragen in bezug auf die Familie sind enthalten in der amtlichen Veröffentlichung »Der Hessische Kultusminister: Rahmenrichtlinien Sekundastufe I, Gesellschaftslehre, Frankfurt 1973, S. 101ff.«. Hessen hat seit vielen Jahren eine sozialdemokratische Landesregierung.

Die Rahmenrichtlinien für den Unterricht an Schulen wie auch die Lehrbücher sind auf ständige Konfrontation mit Konflikten angelegt. Sehr gut hat hierüber gearbeitet Dieter Velden in seinem Buch: »Wer erzieht unsere Kinder?« (Brunnen-Verlag, Gießen). Man kann direkt von einer **Konfliktpädagogik** sprechen. Die Schüler werden zu einer abwertenden Kritik bewußt erzogen. So wurde in den zugelassenen Lesebüchern »Drucksachen« des Düsseldorfer Pro Schule Verlags unter dem Thema »Kinderverse« ein »Gedicht« gebracht, das eine traurige Berühmtheit erlangte:

> »Du sollst deine Eltern lieben.
> Wenn sie um die Ecke glotzen,
> sollst du sie in die Fresse rotzen.«

Ähnliche abwertende Verlautbarungen wurden auch über Lehrer, Schule, Polizeibeamte und andere gebracht. Gerne weisen wir darauf hin, daß die Lesebücher »Drucksachen« wegen des heftigen Protests aus der Elternschaft überarbeitet wurden.

Sozialisation

Mit der Emanzipation geht die Sozialisation Hand in Hand. Sozialisation meint soviel wie **Vergesellschaftung,** aber nicht im wirtschaftlichen Sinn, wie sie uns bei der Sozialisierung begegnet ist. Die Sozialisation hat es mit der Pädagogik zu tun und meint die Einführung und *Einfügung* des betreffenden Menschen in die Gesellschaft. Das ist an sich ein notwendiger Vorgang. Deshalb kann Sozialisierung sehr Gutes bewirken und zur Ich-Werdung und Wir-Findung des Menschen positiv beitragen. Sozialisation kann aber auch in gefährliche Bahnen gelenkt werden, je nachdem, welcher Weltanschauung und Ideologie die Sozialisierung Hinführungsdienste leisten soll. Die Sache ist so:

Die Sozialisation geht von der Meinung aus, daß unser Leben von den Einflüssen unserer gesellschaftlichen Umwelt geprägt wird. Man spricht auch von einem Sozialisierungsprozeß. Damit ist das Hineinwachsen des einzelnen in die Normen, die Werte, die Vorstellungen und die Verhaltensmuster der Gesellschaft gemeint. Der einzelne übernimmt die Entscheidungen und Gewohnheiten der Gesellschaft. Der Mensch fügt sich vielen Forderungen und Formen.

Weil nun diese Normensysteme und Verhaltensmuster, die Wertvorstellungen und überhaupt die Formen des Zusammenlebens geschichtlich und gesellschaftlich bedingt sind, sind sie auch veränderbar. (Zu diesen geschichtlich und gesellschaftlich überkommenen Wertmaßstäben gehören auch die der Bibel.)

Die Aufgabe der Sozialisation besteht in schulischer Hinsicht nun darin, daß die jungen Menschen von Anfang an lernen, **alles in Frage zu stellen.** Darum die Anleitung zur kritischen Einstellung den vorgegebenen Werten und Meinungen gegenüber wie den Autoritäten gegenüber.

In den Rahmenrichtlinien des hessischen Kultusministeriums für das 7./8. Schuljahr der 12–14jährigen Schüler werden für das Thema Familie als Lernziele u. a. genannt:

»Die Schüler sollen
- lernen, daß Sozialisationsformen *historisch bedingt,* d. h. unter jeweils besonderen gesellschaftlichen Bedingungen

- entstanden und im Rahmen dieser Bedingungen bzw. mit ihnen *veränderbar* sind.
- erkennen, daß in den Sozialisationsformen die in einer Gesellschaft bestehenden *Herrschaftsverhältnisse* wirksam werden und ihren sichtbaren Ausdruck finden.
- lernen, daß eine grundlegende Veränderung gesellschaftlicher Verhältnisse die *Veränderung tradierter Inhalte* und Formen der Sozialisation einschließt.
- lernen, die *eigenen Einstellungen* und Handlungsgrundlagen zu *untersuchen* mit dem Ziel einer kritischen Distanzierung oder reflektierten Zustimmung« (der Hessische Kultusminister: a. a. O., S. 97).

Da sich diese Lernziele mit dem Thema Familie befassen, müssen wir feststellen, daß seitens des Kultusministeriums die Familie mit »Herrschaftsverhältnissen« in Zusammenhang gebracht wird. Die Familie gilt als eine Sozialisationsform, eine Gesellschaftsinstitution, durch deren Vermittlung das Kind in die Gesellschaft hineinwächst. Das ist richtig gesehen. Aber dieser Tatbestand wird sehr argwöhnisch gesehen.

Wir fragten »Erziehung – wozu?« Die Erläuterungen zu den Lernzielen geben nähere Auskunft. Sie sprechen von der »*Einsicht in die Abhängigkeit* der Situation innerhalb der Familie«. Sie fordern, die »Wertvorstellungen, die in der Zeit, in der die Eltern selbst aufwuchsen«, und die sich daraus ergebenden »Anforderungen distanziert zu beurteilen«. So »erscheint es als unumgänglich, den Schülern das Instrumentarium zu vermitteln, mit dessen Hilfe eine solche distanzierte Beurteilung familiärer Erziehungssituation erst möglich ist« (der Hessische Kultusminister: a. a. O., S. 98).

Wozu also erziehen? Zur Befreiung von elterlichen Vorstellungen einerseits und zum Anschluß an die heutige Gesellschaft andererseits. Bringen wir dies auf eine **Formel:**

Erziehung von der Familie weg und
Erziehung auf Gesellschaft und Staat hin.

Welches Gesellschaftsbild schwebt dabei vielen vor Augen? Das wird deutlich, wenn wir uns die weiterführende Frage stellen:

Erziehung – durch wen?

Die Familienerziehung wird abgewertet. Wir lesen: »Früher war Erziehung allein die Aufgabe der Familie; heute ist auch Erziehung eine *politische* Frage.« So schreibt es Hilligen *George* in dem zugelassenen und verwendeten Buch: »sehen – beurteilen – handeln, Lese- und Arbeitsbuch zur Sozial- und Gesellschaftslehre, 5./6. Schuljahr«, Frankfurt 1972, S. 29.

Wenn nebst vielen anderen Fragen »auch Erziehung eine politische Frage« ist, dann drängt dies zur Frage: Wer hat denn auf dem Gebiet der Erziehung das Sagen? Die Antwort muß lauten: **Der Neomarxismus.** Dieser verkörpert sich besonders in der sogenannten Kritischen Theorie der Frankfurter Schule. Zu ihr gehören bzw. gehörten maßgeblich:

Max Horkheimer,
Theodor Adorno,
Herbert Marcuse,
Jürgen Habermas.

Diese Männer üben einen sehr großen Einfluß aus. Wenn wir die heutige Situation verstehen wollen, können wir nicht darauf verzichten, sie kurz darzustellen. Der bereits erwähnte Philosoph *G. Rohrmoser* spricht im Zusammenhang mit der Frankfurter Schule und ihren Vertretern von einer **»Kulturrevolution«.** Darunter versteht er »einen Prozeß«, bei dem »überkommene Werte . . . abzubauen« und »neue Werte, neue Normen« an ihre Stelle zu setzen sind, »die erst in einer . . . sozialistischen Gesellschaft verwirklicht werden können, wie man glaubt« (G. Rohrmoser in Heft 7 der Reihe »Bildung und Erziehung in der Diskussion«).

Max *Horkheimer* (1895–1973). Er ist der eigentliche geistige Vater der Kritischen Theorie. In seinem Aufsatz »Traditionelle und Kritische Theorie« formuliert er programmatisch Anspruch und Ziele der Kritischen Theorie der Frankfurter Schule. Die Kritische Theorie will eine Veränderung der bestehenden Gesellschaft. Dazu ist die Einstellung eines grundsätzlichen »kritischen Verhaltens« erforderlich. Die Kritik bezieht sich auf das gesellschaftliche Ganze, besonders auf Wirtschaft, Ehe, Familie, Erziehung, Christentum.

Die W i r t s c h a f t ist durch »monopolkapitalistische Verhältnisse«

gekennzeichnet. Für Horkheimer ist der *Markt* die eigentliche Quelle des Bösen. So schrieb er es 1937. Später war ihm die *moderne Technik* Inbegriff des Falschen, weil der technische Fortschritt die Entmenschlichung mit sich bringe. Horkheimer wendet sich auch kritisch gegen die *Gewerkschaften* und ihre Reformbemühungen. Denn er will keine Reform, sondern eine Revolution der Gesellschaft. Reformen würden nur das bestehende System festigen. So schreibt er: »Der Aufstieg der Arbeiter . . . ist um den Preis der Integration in das allgemeine System erkauft worden . . . Die Arbeiterführer sind die Manager der Arbeitskraft, manipulieren sie, machen für sie Reklame und versuchen, ihren Preis so hoch wie möglich festzusetzen« (M. Horkheimer: Zur Kritik der instrumentellen Vernunft, Frankfurt a. M. 1967, S. 114).

In bezug auf die **Ehe** beklagt er die Lustunfähigkeit. Die Lust sei der Pflicht gewichen. Horkheimer hält die Ehe für geschichtlich überholt. Sie werde bedeutungsloser; denn »Der Ertrag des Lebens wird in der Zukunft weit stärker anderen Konstellationen als der Ehe zuzuschreiben sein« (M. Horkheimer: a. a. O., S. 301).

Was die **Erziehung** betrifft, so wendet sich die Kritische Theorie gegen den von ihr so bezeichneten *»autoritären Charakter«* und die *»autoritäre Erziehung«*. Diese Begriffe haben von dorther ihre Runde gemacht. Horkheimer schreibt: »Der autoritätsgebundene Charakter reagiert völlig konventionell und stereotyp. Das Bild des Vaters ist das einer strengen . . . Respektsperson« (a. a. O., S. 281).

Alle Kritik Horkheimers geht darauf hinaus, festzustellen: »Das Prinzip Herrschaft ist das Idol, dem alles geopfert wird« (a. a. O., S. 104). Für Horkheimer sind Religion, Ehe, Familie, Erziehung, Recht, bestehende Wirtschaftsordnung nur *»Kitt«* – ein Lieblingsausdruck –, um die Herrschaft der Herrschenden zu festigen. Er proklamiert die *Totalität der Gesellschaft.* Die Gesellschaft ist alles. In ihrem Dienst steht alles Produzieren des materiellen Lebens. Weil das Proletariat die kapitalistische Gesellschaft nicht überwunden hat, ist die gegenwärtige Gesellschaft durch *totalitäre* Herrschaftsstrukturen gekennzeichnet. Sie sind abzulehnen. Horkheimer führt darum den Menschen von Verneinung zur Verneinung. Dieses *Prinzip der Verneinung* soll im Bewußtsein des Menschen verankert werden. Dazu hat die Erziehung zu dienen. Sie soll das Überkommene in Frage stellen und so zu einer neuen Bewußtseinsbildung anleiten. Das Ziel der Theorie ist, durch Umwälzung der Gesellschaft zur realen Macht zu gelangen.

Theodor W. *Adorno* (1903–1969). Er ist noch radikaler als Max Horkheimer. Seine Grundeinsicht lautet: Die Geschichte der Menschheit ist falsch, sie ist eine einzige Katastrophe. Wie bei Horkheimer, so ist auch bei Adorno die Geschichte durch das *Herrscherprinzip* in die falsche Richtung geraten. Menschen herrschen über Menschen. Daraus sind die Institutionen des Staates und des Rechts entstanden. Er schreibt: »Allerorten rüstet sich die Welt, zum Grauen der Ordnung überzugehen« (T. W. Adorno: Negative Dialektik, Frankfurt a. M. 1966, S. 94). Hier wird der Anarchie das Wort geredet. Was soll deshalb der Mensch tun? Er soll »zurückstürzen« in die Auflösung des Herrscherprinzips und der Herrschaftsstrukturen.

Von dieser Philosophie her – wie auch von dem bereits erwähnten Radikalpolitiker Bakunin – führen Linien zu den *anarchistischen Szenen unserer Tage,* aber auch zu einem Materialienbuch für den Geschichtsunterricht im Lande Hessen. In ihm ist der Satz zu finden, daß die Hinwendung zur Kriminalität verstanden werden müsse als eine logische Konsequenz der herrschenden Verhältnisse in unserer heutigen Gesellschaft. Wenn man dies liest, muß man sich fragen, ob die Baader-Meinhof-Terrororganisation oder andere Politgangstergruppen nicht die Folge der neomarxistischen Frankfurter Schule sind – gewiß nicht von der Frankfurter Schule so gewollt. Aber nachweisbar bezeugen Terroristen und Sympathisanten, das geistige Rüstzeug, das sie letztlich zu diesen politischen Extremisten gemacht hat, wesentlich in der Frankfurter Schule bekommen zu haben.

Herbert *Marcuse* (1898). Er vertritt die Ansicht, daß unsere Gesellschaft durch raffinierte Manipulation völlig auf Verbrauch und Konsumglück fixiert worden sei. In seiner *Manipulationstheorie* entwickelt er den Gedanken der Eindimensionalität, d. h. der Mensch lebe »eindimensional«, weil er nur auf Konsum lebe. Dies mache den Menschen unfrei. Sein Buch *»Der eindimensionale Mensch«* hat eine Weltauflage von über einer Million und gehört noch heute zur Pflichtlektüre der nordamerikanischen Studenten.

Herbert Marcuse gilt der Neuen Linken als ein besonderes Vorbild und als revolutionärer *Kämpfer für eine andere, bessere Gesellschaft mit freien Menschen,* die sich zur vollen Individualität entfalten können. So anerkennenswert dieses Ziel ist, so ist es nicht an der Realität, sondern an einer *Utopie* orientiert und entspringt politischer Schwärmerei.

H. Marcuse bejaht **Gewaltanwendung** und Widerstand. »Gewalt aber nur als Gegengewalt. Gewalt z. B., wie sie fast unvermeidbar ist im Besetzen von Gebäuden und Häusern, wenn die Polizei zu schießen anfängt oder dergleichen«, sagte er in einer Fernsehsendung in der Bundesrepublik am 20. Juli 1978, die einen Tag nach seinem 80. Geburtstag ausgestrahlt wurde.

Terror lehnt er ab. In der Wochenzeitung »Die Zeit« spricht er sich dagegen aus im Zusammenhang mit den Kölner Ermordungen (Schleyer). Trotzdem rechtfertigt er aber Gewaltanwendung, denn dabei müßten strategische und taktische Gesichtspunkte berücksichtigt werden. Mit dem ehemaligen radikalen und marxistischen Studentenführer Rudi *Dutschke* hat er heute noch Kontakt. »Ich glaube, unsere politischen Positionen heute sind sehr nah« (Fernsehsendung).

Die Gewalt des Widerstandes durch die Neue Linke ist nach Meinung Marcuses deshalb berechtigt, weil auf der Seite der Neuen Linken Wahrheit und Fortschritt stehen, hingegen auf der Seite der etablierten Gesellschaft Reaktion und Unfreiheit. »Wir haben noch keine freie Gesellschaft . . . Freiheit ist etwas, das erst erkämpft werden muß. *In der heutigen Wirklichkeit gibt es nur Grade der Unfreiheit«* (Fernsehsendung). Wenn es der Neuen Linken gelungen sei, die Freiheit in ihrem Sinne durch Eroberung der Macht in der Gesellschaft erkämpft zu haben, dann sei den Gegnern der Neuen Linken Rede- und Versammlungsfreiheit zu entziehen. Denn der liberale Gedanke an freie und gleiche Diskussion sei falsch und müsse abgeschafft werden. Diese Gedanken entwickelt er in seinem Buch *»Kritik der reinen Toleranz«.* Schon der Titel dieser Schrift ist aufschlußreich. Wahre Interessen würden toleriert, aber falsche Interessen hätten keinen Anspruch auf Toleranz. Was nun jeweils und grundsätzlich wahre und falsche Interessen sind, darüber befindet die Ideologie des Neomarxismus.

Marcuse fordert ein **»neues Revolutionsmodell«,** das nicht mehr wie bei Marx aus der Verelendung und Verarmung komme, sondern sogar unter den Bedingungen einer Gesellschaft im Überfluß vorbereitet werde. Grundvoraussetzung für das neue Revolutionsmodell sei, daß die Menschen getrieben würden, »mit den bestehenden Zuständen Schluß zu machen«, selbst wenn es nicht Zustände der Verelendung oder Verarmung seien. »Sie haben aber einfach genug« (Fernsehsendung).

Marcuse meint, »eine bessere, menschlichere Gesellschaft wäre verhältnismäßig bald zu erkämpfen, wenn wir andere Politiker hätten, und wenn wir andere Menschen hätten, die andere Politiker wählen. Dann wären wir schon einen großen Schritt näher« (Fernsehsendung). Das heißt im Klartext: Die Menschen müßten Marxisten sein, die dann ihrerseits marxistische Politiker wählen. Dann wäre allerdings die marxistisch-sozialistische Diktatur etabliert. Und das soll die »bessere, menschlichere Gesellschaft« sein. Welch eine Utopie!

Zwar gibt es auch in der neuen, freien Gesellschaft noch Konflikte. »Aber«, so sagt Marcuse, »die noch bestehenden Konflikte werden eben in einer *unendlich viel menschlicheren Weise gelöst werden können,* oder – wenn sie überhaupt nicht lösbar sind – behandelt werden können, als jetzt« (Fernsehsendung). Die gute Hoffnung in allen Ehren. Aber was wir bei politischen Studentenversammlungen seiner Anhänger an Störszenen, an Niederpfeifen und -klatschen, an Behinderungen, überhaupt an Intoleranz, ja an Krawallen erleben mußten, vermögen wir nicht als eine »unendlich viel menschlichere Weise« zu erkennen.

Abgesehen von den Studentenversammlungen muß grundsätzlich gesagt werden: Es fehlt Marcuse der nüchterne Blick des biblischen Realismus. *Es ist Utopie und Schwärmerei zu meinen, Konflikte könnten »in einer unendlich viel menschlicheren Weise gelöst werden«, ohne den Menschen radikal in die Verantwortung vor Gott zu stellen und von ihm sich Weisungen geben zu lassen. Es ist immer dasselbe: Sie wollen mit unerlösten Menschen erlöste Verhältnisse schaffen. Und das geht nicht. Das ist Utopie.* Darum ist es unnüchtern, wenn Marcuse meint, der »Protest gegen das Bestehende«, die »große Weigerung« der jungen Menschen führten sogar zu einer »organischen Veränderung« (Fernsehsendung).

Es ist kennzeichnend für das naiv-optimistische Menschenbild des gesamten Marxismus und Neomarxismus, wenn Marcuse sagt: »Wir können annehmen oder hoffen, daß in einer freien Gesellschaft die Destruktionsenergie im Menschen reduziert und/oder konstruktiv verwendet wird« (Fernsehsendung).

Auch hier begegnet uns wieder der Glaube an den guten Menschen, der lediglich durch die Produktions- und Eigentumsverhältnisse an der Entfaltung seines Gutseins gehindert wird. In Wirklichkeit hat sich aber eine *Wohlstandskriminalität* entwickelt, die nicht ab-, sondern erschreckend zunimmt. (Von 1966–1978 in der Bundesrepublik um 80%.) Welch eine Widerlegung der marxistischen Anthropologie! *Es ist ein Trugschluß zu meinen, quantitativ bessere Verhältnisse schafften schon qualitativ bessere Menschen.*

Wer nicht um die Widersprüchlichkeit in der Tiefe des Menschen und um die Ursünde des rebellierenden Aufstands und Abfalls von Gott weiß, der steht in der Gefahr, sich an Utopien zu verlieren. Und das tut Marcuse, das tut der gesamte Marxismus, das tut eine sich an der Kritischen Theorie orientierende Pädagogik. Was die *Arbeitszeit* für »gesellschaftlich notwendige Arbeit« betrifft, so ist auch hier Marcuse sehr optimistisch. Die gesellschaftlich notwendige Arbeitszeit ist »auf ein Minimum zu reduzieren, sagen wir ein paar Stunden am Tage, so zwei Stunden, drei Stunden am Tage« (Fernsehsendung).

Marcuse meint sogar, die *Emotionen* des Menschen würden in einer freien – sprich marxistischen – Gesellschaft anders sein als in einer Gesellschaft wie der unseren, die auf »Unterdrückung ruht«.

Ebenfalls typisch marxistisch ist die Illusion, die Marcuse mit der **Sexualethik** bzw. mit dem Sexualismus verbindet. Er verkündet – wie schon vor und neben ihm andere Marxisten – eine *sexuelle Revolution. Sie besteht im sexuellen Lustprinzip.* Marcuse hält sein Werk *»Triebstruktur und Gesellschaft«* für sein wichtigstes. Es erschien zuerst in den USA 1955, dann in Frankfurt a. M. 1969. Hier untersucht er die These von Sigmund *Freud,* ob die freie Befriedigung der Triebe wirklich unvereinbar sei mit einer kultivierten Gesellschaft.

Marcuse meint, der Mensch solle sich von den Impulsen der Sexualität leiten lassen. Das Streben nach Bedürfnisbefriedigung nannte schon S. *Freud* das *Lust*prinzip im Unterschied zum *Realitäts*prinzip, das es mit Anstrengung und Leistung zu tun hat, um auf diesem Wege auch zu einer – wenn auch anders gearteten – Befriedigung von Wünschen zu gelangen.

Welch einen Einfluß Herbert Marcuse auf die Erziehung genommen hat, wird z. B. an der bekannten Parole deutlich »Es gibt keine Tabus mehr«. Schamgefühle gelten als rückständig. Sie sind nur anerzogen.

Die Einführung des *Sexualkundeunterrichts* als *Zwangserziehungsfach* steht ebenfalls im Zusammenhang mit der sexuellen Revolution. Gerade die Wirkung dieses Unterrichts, der viel Gutes für sich haben könnte, ist entscheidend von der ethischen Einstellung der Lehrperson abhängig. Auch das traurig-berühmte Mitspielstück **»Rote Grütze«** muß auf der Linie der Sexualrevolution gesehen werden. In ihm geht es darum, auch schon bei fünf- bis zehnjährigen Kindern, vor denen dieses Stück vorgeführt wird, alle Tabus abzubauen. Darum werden auch die Kinder in diesem Stück zum gemeinsamen Mitspielen herangezogen. Den Autoren dieses Stückes kommt es darauf an, eine *veränderte Einstellung zum Sexuellen* zu erreichen, die befreit ist von Tabus (»Darüber spricht man nicht«), Ängsten und Normen. Vor allen Dingen soll das *Gewissen* von seinen Hemmungen befreit werden. Einige Kostproben: Eine Szene heißt z. B. »Schämt ihr euch, wenn ihr pinkelt?« Hier sollen die Schamgefühle abgebaut werden. Eine andere Szene »Der Traum von Kakke und Kakao« – oder »Satt ist besser als sauber«. Das »Kindermachen« und das »Liebhaben« wird beschrieben. U. a. heißt es: »Muß man verheiratet sein, wenn man zusammen schmusen will und vögeln?« – »Alle: ›Jeder Bauch liebt, wenn man ihn streichelt . . . (jede Brust, jeder Po, jeder Pimmel, jede Muschi, jede Nase, jeder Kopf‹).«

». . . Vater, Mutter, Hänsel und Gretel streichen die Angst Stück für Stück aus ihrem Leben raus und was holen sie in ihr Leben rein?« Kinder: »Die Freude, das Glück, den Mut, die Freundlichkeit, die Liebe, das Ficken.«

Nun kann gefragt werden: Was hat H. Marcuse damit zu tun, da er das doch nicht geschrieben hat? Dieses Mitspiel-Theaterstück hat eine politische Dimension:

Wenn das Sexuelle unterdrückt wird, dann gerät der Mensch dadurch unter den Druck von Arbeit und Leistung. Mehr Arbeit und mehr Leistung aber fördern mehr Produktion. Mehr Produktion fördert mehr Konsum. Konsumzwang fördert Unfreiheit des Menschen. Darum fordert Marcuse statt des *Leistungs*prinzips das *Lust*prinzip.

Auch diese Gedanken basieren auf einer Utopie über den Menschen. Denn *es ist eine Illusion zu meinen, durch das sexuelle Lustprinzip und eine Verkürzung der Arbeitszeit auf zwei bis drei Stunden am Tage werde letztendlich der freie Mensch und die bessere, menschlichere Gesellschaft geschaffen.* Wie nüchtern ist dagegen die Heilige Schrift, die in Psalm 90, 10 über das Leben sagt: ». . . und wenn es köstlich gewesen ist, so ist es Mühe und Arbeit gewesen.«

Verhängnisvoll ist Marcuses Neomarxismus mit seiner Theorie über die Gewaltanwendung und seiner Utopie über die sexuelle Frage auch deshalb, weil dies nun über den Weg einer neomarxistisch orientierten *Pädagogik* in unseren Schulen weiterwirkt.

Übrigens: Dankbar dürfen wir für den energischen und anhaltenden Protest der Elternschaft gegen das Theaterstück »Rote Grütze« sein, das daraufhin abgesetzt werden mußte.

Jürgen Habermas (1929). J. Habermas lehrt einen Atheismus und historischen Materialismus. In seiner Theorie nehmen die Begriffe »Bedürfnis« und »Bedürfnisbefriedigung« eine wichtige Stelle ein.

Der Gesellschaft und besonders der Bundesrepublik Deutschland gegenüber erhebt er den *Vorwurf der Unterdrückung,* der Repression. Die Unterdrückung vollziehe sich besonders durch die politische Herrschaft. Es erfolge eine ideologische Unterdrükkung.

Habermas ist vom **Verfall** der *bürgerlichen* Gesellschaft überzeugt. Die bestehenden Herrschaftsverhältnisse seien die Ursache für unvernünftige Verhältnisse und falsches Leben. Die einzelnen Menschen würden vergesellschaftet. Ebenso der Staat. Infolge der bestehenden Herrschaftsverhältnisse seien auch die Öffentlichkeit und ihre Publizistik in den Sog des Verfalls geraten. Habermas stellt fest: »Publizistik verliert ihre kritische Funktion . . .« (J. Habermas: Strukturwandel der Öffentlichkeit, S. 245). Auch das Parlament hat nach Habermas seine Aufgabe preisgegeben, »kritische Öffentlichkeit« zu sein.

Aber Habermas begnügt sich nicht mit der Kritik am Bestehenden. Er entwickelt eine große Zukunftsschau, in der – nach seiner irrigen Meinung – Herrschaft und Gewalt abgeschafft werden.

Wie soll das geschehen? Es muß die »**Demokratisierung** der sozialstaatlich verfaßten Industriegesellschaft« erfolgen (a. a. O., S. 274). Diese Demokratisierung klammert keinen Bereich aus. Erst recht erstreckt sie sich auf Bildung, Erziehung und Schule bis hin zum Kindergarten.

Aus der umgreifenden Fundamentaldemokratisierung erwächst eine *Politisierung aller Bereiche.* Selbst die Privatsphäre wird zunehmend eingeengt. Habermas zielt auf eine *»klassenlose Gesellschaft«* und eine **»kollektive Identität«.** Damit aber erreicht er im Endeffekt das genaue Gegenteil von dem, was er anstrebt: Unfreiheit statt Freiheit, Bevormundung statt Freizügigkeit, Bespitzelung statt freier Meinungsäußerung. Denn wenn Habermas eine »kollektive Identität« anstrebt, dann müssen wir darauf hinweisen, daß *Kollektives und Totalitäres,* daß *Kollektives und Diktatorisches ganz dicht beieinanderliegen.*

Was nun den Bereich der **Erziehungsfragen** betrifft, so hat Habermas entscheidend zur kritischen Grundeinstellung der Jugend beigetragen. Denn Habermas gibt die Anleitung, der junge Mensch soll *alle* gesellschaftlichen *Erwartungen,* die man ihm gegenüber hat, auf ihre Rechtfertigung und Legitimation *kritisch hinterfragen.* Der junge Mensch soll zu einem Balanceakt befähigt werden. Er soll balancieren lernen zwischen Erfüllung und Verweigerung von Erwartungen. Aber nach welchen Maßstäben soll der junge Mensch denn zwischen Erfüllung und Verweigerung von Erwartungen entscheiden, die man ihm gegenüber hat? Zunächst negativ geantwortet: *Nicht nach den überkommenen Maßstäben.* Auch nicht nach religiösen. Denn eine religiöse Bindung – welche auch immer – wird nicht anerkannt. Auch keine christliche Ethik. Beides wäre ja dann bereits etwas Vorgegebenes. Das positive Verhältnis zum Vorgegebenen habe ja gerade zur »Entfremdung des Menschen von sich selbst« geführt. J. Habermas will beim Menschen eine neue Ich-Struktur aufbauen. Und zwar solch eine, die im bewußten **Konflikt mit »Autoritäten«** steht. Solch eine konfliktbewußte Persönlichkeitsstruktur hält Habermas für geeignet, unsere auf Autoritäten angelegte Gesellschaft zu überwinden. Darum gilt als Maßstab die Ideologie der Kritischen Theorie. Wie könnte es auch anders sein?

Es ergibt sich also: Habermas und die Neue Linke stellen zwar die Vorstellungen, die Moral, die Bedürfnisse und Erwartungen der *bürgerlichen* Gesellschaft in Frage, mehr noch: sie werden abgelehnt. Aber die *neuen* Bedürfnisse, Erwartungen und Vorstellungen stehen bereits parat: es sind die eines Neomarxismus. Bei Habermas haben wir ebenfalls, was wir bereits als zwei wichtige Begriffe und Zielsetzungen einer *ideologisch orientierten Erziehungsreform* nannten: die *Emanzipation,* also die Befreiung vom Überkommenen, Bürgerlichen und Christlichen einerseits und die *Sozialisation* andererseits, also die Vergesellschaftung der Person, die neue Bindung an die Vorstellungen und Erwartungen einer neomarxistischen Weltanschauung.

Es ist also nur eine *halbe* Freiheit, die Habermas und die neuen Linken verkündigen: die Freiheit, sprich die Loslösung von allen Erwartungen, soweit sie vom Bürgerlichen und Christlichen herkommen. In dieser Richtung redet er einer *»emanzipatorischen Bewegung«* das Wort. Aber kein Wort mehr von Emanzipation, von Freiheit und Loslösung ist zu hören, sobald es sich um die *marxistische* Gesellschaftslehre handelt.

Wie sieht dies nun in der **Praxis** aus?

Bereits für die Grundschulen werden in Lesebüchern und Sachkundebüchern viele Konfliktsituationen der Kinder mit den Eltern dargestellt. Kinder müssen vor der Klasse in *Rollenspielen* die Konflikte ihrer eigenen Familiensituation darstellen. So sollen bereits Kinder zu einer kritischen, ja ablehnenden Einstellung gegenüber dem bisherigen Eltern-Kind-Verhältnis geführt werden.

Auch bei anderen Rollenspielen sollen die Konflikte dargestellt werden. Etwa Konflikte in der bürgerlichen Mann-Frau-Rolle, in der Arbeitswelt mit ihren Zwängen durch Über- und Unterordnung. Auch die Arbeitsmoral, die Verteilung von Produktionsgütern und die bürgerlich christlichen Sexualvorstellungen werden angegriffen, überhaupt alles, was der Stabilisierung der bürgerlich-christlichen Ordnung dient. Dies geht so weit, daß sogar das Inzest-Verbot, der Geschlechtsverkehr zwischen Geschwistern als veraltet hingestellt wird. An ihrer Stelle werden dann durch Spiele, Texte, Bilder und Filme neomarxistische Lösungen angeboten.

Habermas ist der Meinung, in den sogenannten **Subkulturen,** also in bestimmten Gruppen innerhalb einer größeren Kultur oder Gesellschaft, hätten diese Menschen die Herrschaftsweisen und die **bürgerliche Moral** bereits **überwunden.** Diese Menschen sind besonders Schüler und Studenten, die durch die Sozialisation bereits zu *»herrschaftsfreier Kommunikation«* gelangt sind. Habermas schreibt: »Ihre Sozialisation scheint sich in den vom . . . Zwang freigesetzten Subkulturen vollzogen zu haben, in denen die Überlieferungen der bürgerlichen Moral und die kleinbürgerlichen Ableitungen ihre Funktion verloren haben . . .« (J. Habermas, Technik und Wissenschaft als Ideologie, Frankfurt 1968, S. 102). Diese herangebildeten Studenten und Schüler würden die neue, herrschaftsfreie Gesellschaft von morgen heraufführen. Diese neue Welt ist die sozialistische Einheitswelt. Alle Einschränkungen sind in ihr gefallen. Auch religiöse. Die Menschen haben sich mit sich selbst versöhnt. Höchste Bedürfnisbefriedigung bestimmt das Zusammenleben. Welch eine Zukunftsschau!

Eine Warnung steckt auch in Habermas' Neomarxismus: *Die Eltern sollen sich nicht gegen diese Erziehung stellen, sondern sich mit ihr identifizieren.* Andernfalls müssen sie mit *Widerstand* durch ihre eigenen Kinder rechnen.

Dazu haben wir **zwei Fragen** zu stellen:

1. Ist dies mit christlicher Ethik vereinbar?
2. Ist dies mit dem Grundsatzprogramm der Sozialdemokratischen Partei vereinbar?

1. Ist der Neomarxismus mit christlicher Ethik vereinbar?

Die Antwort lautet: nein. Wie könnte es anders sein, wo doch die Auffassungen der Neomarxisten der Frankfurter Schule erklärtermaßen die christliche Ethik ablehnen? Das Christliche soll doch mit zu den verwerflichen Herrschaftsstrukturen beigetragen haben.

Wir müssen dem Philosophen Rohrmoser rechtgeben: Bei dem, was die neomarxistische Kritische Theorie der Frankfurter Schule anstrebt, handelt es sich um nicht weniger als um eine Kulturrevolution.

Es ist mit der christlichen Ethik unvereinbar, das **Elternrecht** zu bekämpfen, d. h. abzustreiten, daß Eltern für die Erziehung der Kinder maßgeblich verantwortlich sind – auch im Blick auf die Schule. Das Evangelium gibt den Eltern Weisung, ihre Kinder in Zucht und Ermahnung vor Gottes Wort zu erziehen. Gottes Wort gebietet: »Du sollst Vater und Mutter ehren.«

Es ist mit dem Christentum unvereinbar, *bewußt und grundsätzlich* die **Autorität** zu untergraben. Wohl wissen Christen, daß es Autoritätsmißbrauch gibt. Das hat die langjährige Unterdrückung und Zurücksetzung der Arbeiterschaft genügend bewiesen. Auch im Bereich der Erziehung gab es Autoritätsmißbrauch. Wir erinnern nur an die Zeit des Nationalsozialismus oder an die Diktaturen von rechts und links heute. Aber das darf uns nicht dazu verführen, die gesamte nicht-marxistische Gesellschaft mit einer bösartigen Herrschaftsstruktur in eins zu setzen. Ohne Autorität gibt es kein geordnetes Zusammenleben. Wer Kindern Autorität grundsätzlich versagt und madig macht, handelt ihnen gegenüber lieblos.

Es ist mit dem Christentum unvereinbar, das **Sexuelle** derart hochzuspielen, daß ein Lustprinzip daraus abgeleitet wird. Es ist nicht nur maßlos übertrieben, sondern falsch zu meinen, Triebverzicht führe automatisch zu Frustration, wie umgekehrt Verwirklichung des sexuellen Lustprinzips aggressionsfreie Menschen schaffe. Richtig ist vielmehr: Wer nicht gelernt hat, sich in Zucht zu nehmen, macht sich selbst lebensuntüchtig. Zuchtlose Trieberfüllung macht Menschen zu Egoisten.

Die **Erziehung** zur ständigen Kritik im Geist der neomarxistischen

Frankfurter Schule ist destruktiv. Die vorliegenden Ergebnisse der antiautoritären Erziehung sind negativ. *Die antiautoritäre Erziehung hat sich in ihren hochfahrenden Erwartungen nicht bestätigt, sondern sich selbst widerlegt; denn sie hat versagt.*

Antiautoritäre Erziehung steht im Widerspruch zur christlichen Erziehung und im Widerspruch zum biblischen Menschenbild.

Eine Welt, in der es keine Tabus mehr gibt, hat ihre Seele und Ehrfurcht verloren.

Systematisch **Scham** abbauen zu wollen, verletzt die Würde des Menschen. Scham ist ihrem Wesen nach dem Menschen angeboren, aber nicht grundsätzlich anerzogen. (Das Tier kennt keine Scham.) Wir wollen keiner Prüderie das Wort reden. Daß es in der Erziehung Verkrampfungen gegeben hat, wird niemand bestreiten wollen. Trotzdem kann Erziehung niemals darauf verzichten, die angeborene Scham zu schützen. Darum ist die bewußt ideologisch gesteuerte pornographische Vergiftung ebenfalls *menschenunwürdig.* Wer in pornographischer Richtung erzieht, begeht einen Frevel an der psychischen Struktur des Menschen.

In summa:

> Die Kulturrevolution des Neomarxismus ist mit dem Geist Jesu Christi und seinem Evangelium absolut unvereinbar.

Nun zur anderen Frage:

2. Ist der Neomarxismus mit dem Grundsatzprogramm der sozialdemokratischen Partei vereinbar?

Auf diese entscheidend wichtige Frage müssen wir mit einem klaren **Nein** antworten.

Beweis: Im Grundsatzprogramm heißt es im Abschnitt »Grundwerte des Sozialismus« auf Seite 7:

> »Der demokratische Sozialismus, der in Europa in christlicher Ethik, Humanismus und in der klassischen Philosophie verwurzelt ist . . .«

An diesem Bekenntnis zu seiner geistigen Verwurzelung wird deutlich, daß eine Entwicklung vom marxistischen zum demokratischen Sozialismus erfolgt ist. Denn der marxistische Sozialismus stand z. B. mit seiner Klassenkampflehre im Widerspruch zur christlichen Ethik. Er stand z. B. mit seinem philosophischen Materialismus und Atheismus im Widerspruch zur klassischen Philosophie, die durch die ganzen Jahrhunderte von ihrer Metaphysik her entscheidend geprägt war.

Dies Bekenntnis zu seiner geistigen Verwurzelung stellt nun die **Sozialdemokratie** vor ein **Entweder-Oder.**

Entweder nimmt die Sozialdemokratie ihr Bekenntnis zu ihrer geistigen Verwurzelung ernst, dann hat der Neomarxismus keinen Platz in ihren Reihen – oder sie nimmt ihr Bekenntnis nicht ernst, dann entwertet sie ihr eigenes Grundsatzprogramm.

Christen können nur von Herzen wünschen, daß das Grundsatzprogramm auch meint, was es sagt.

Unter dieser positiven Voraussetzung müssen wir feststellen:

Der Neomarxismus einschließlich seiner exponierten Vertreter steht im Widerspruch zur Sozialdemokratie.

Der Neomarxist *Adorno* stellt in einem fundamentalen Satz fest:

»Fortschritt hat noch nicht stattgefunden.«

Nun wollen Christentum, Sozialismus und Neomarxisten zwar gemeinsam Fortschritt. Aber worin besteht der Fortschritt? Die monotone Antwort des Neomarxismus lautet: Fortschritt besteht in der Beseitigung von Herrschaft und Unterdrückung. Wie soll dies erfolgen? Der Neomarxist Herbert *Marcuse* antwortet im Sinn aller Neomarxisten:

> »Die Antwort auf Platons erzieherische Diktatur ist die demokratische erzieherische Diktatur freier Menschen.«

Also der Weg heißt zunächst einmal Diktatur. Wer soll diese **erzieherische Diktatur** ausüben? Marcuse antwortet: »Jedermann in der Reife seiner Anlagen, jeder, der gelernt hat, rational und autonom zu denken.« Das heißt im Klartext: Jedes Individuum, das *im Sinne des Neomarxismus* sich in der Reife seiner Anlagen befindet, das also von dorther gelernt hat, »rational und autonom zu denken«, jede solche Person darf im Blick auf andere diese demokratische Erziehungs*diktatur* ausüben. Wer aber entscheidet darüber, ob jemand die Reife zur erzieherischen Diktatur besitzt? Jedenfalls das sogenannte Establishment nicht. Denn diese herrschenden Schichten in Staat und Gesellschaft sind es ja gerade, die die Herrschaftsstrukturen geschaffen haben und sie und die Unterdrückung erhalten wollen. Also können nur solche Erzieher die Reife besitzen, die durch den *Prozeß neomarxistischer Bewußtseinsbildung* gegangen sind.

Mit solchen Plänen wird eine geistige Diktatur errichtet, die einen in ihren Konsequenzen erschaudern läßt. *Die gleichen Neomarxisten, die im Blick auf den freiheitlichen Westen immer von »Berufsverboten« reden, richten hier ein Berufsverbot auf, vor dem alles andere verblassen muß.*

Niemals kann und darf die Sozialdemokratie solchen Überlegungen zur erzieherischen Diktatur zustimmen. Täte sie es, dann brächte sie sich in Widerspruch zu ihrem Bekenntnis, in christlicher Ethik, im Humanismus und in der klassischen Philosophie verwurzelt zu sein. Sie brächte sich aber auch in Widerspruch zu der Erklärung im *Grundsatzprogramm:*

> *»Die Mitwirkung der Eltern in der Schülererziehung und eine Mitverantwortung der Schüler sollen an allen Schulen ausgebaut werden« (S. 22).*

Was die Vertreter der Neuen Linken in ihrer Erziehungspolitik anstreben, ist genau das, was sie den »Bürgerlichen« vorwerfen: Indoktrination – und das heißt soviel wie Einbläuen, Eintrichtern, erzieherisch Manipulieren. Wer selbst von »erzieherischer Diktatur« redet, darf sich über den Vorwurf der Indoktrination nicht beklagen. Da kann man Christdemokraten, Sozialdemokraten und Liberaldemokraten nur auffordern, *gemeinsam entschlossenen Widerstand zu leisten.*

Weitere Fragen an den demokratischen Sozialismus

Es wird dem Ernst der heutigen Lage nicht gerecht, wollten Christen und Sozialisten sich gegenseitig jovial auf die Schultern klopfen und sich beruhigend sagen: Die Sache geht schon in Ordnung. Wir sollten uns vielmehr erneut darüber klar werden, daß die Neomarxisten, besonders die der Frankfurter Schule, die erwähnte ideologische Kulturrevolution durch Bewußtseinsveränderung konsequent anstreben. Die Gesellschaftsveränderung, wie sie sie wollen, soll beginnen in den Familien, den Schulen, den Universitäten, muß sich artikulieren in Radio, Fernsehen, Theater, Kunst und Kunstausstellungen.

Als wichtiges *politisches* Instrument wird der Neomarxismus die Unterwanderung der Parteien, ihrer Ämter und Redaktionsstuben ansteuern. Darum müssen wir um der Sozialdemokratie selber willen lästige Frager werden und sein:

Wie hältst du es mit der »**Mitwirkung der Eltern in der Schülererziehung?**« Wir meinen, daß Mitwirkung der Eltern in der Schul*erziehung* die Mitwirkung bei Fragen bezüglich der Schul*form* nicht ausschließt. Darum können wir es nicht gutheißen, daß der sozialdemokratische Kultusminister Girgensohn *den Schulpflegschaften die Legitimation abgesprochen* hat, sich im Rahmen ihrer Zuständigkeiten mit der kooperativen Schule zu befassen. In der Landesverfassung ist nämlich eine Mitwirkung der Eltern »an der Gestaltung des Schulwesens« vorgesehen. Wir wollen dem Satz Vertrauen schenken: »Die Mitwirkung der Eltern in der Schülererziehung (soll) an allen Schulen ausgebaut werden.« Wenn dieser Satz gilt, dann haben sich die Sozialdemokraten gegen diejenigen auszusprechen, die die elterliche Mitsprache offen oder insgeheim zurückdrängen und eine Politisierung der Schule anstreben. Es muß sich die Einsicht durchsetzen, daß der **Staat** zwar berechtigt ist, die Erziehung junger Menschen zu betreiben und auch verpflichtet ist, die Erziehung zu schützen und vielseitig zu fördern; daß er aber **keineswegs ein Erziehungsmonopol** besitzt. Denn die Erziehung ist nicht die eigentliche Aufgabe des Staates, sondern Erziehung ist eine elementar-sittliche Angelegenheit in erster Linie derer, denen die Kinder gehören.

Darum ist Erziehung ein an den Staat delegiertes Recht. Der Staat wird mit der Erziehung beauftragt.

Heute wird davon gesprochen, daß die *»elterliche Gewalt« durch die »elterliche Sorge« ersetzt werden müsse.* Es ist gut, wenn es einen verbesserten Schutz für gefährdete Kinder gibt. Es ist auch gut, wenn die Elternrechte so verstanden werden, daß sie das Kind schützen und ihm helfen sollen, sich zu einer selbständigen Persönlichkeit zu entwickeln. Aber wir wollen das Grundrecht des Elternrechtes als solches nicht angetastet wissen. Die Eltern haben unveräußerliche Rechte der Schule gegenüber. Die Eltern haben **von schöpfungswegen** das Recht, die religiös-sittlichen Bildungs- und Erziehungsziele zu bestimmen. Der Staat ist um der Familien willen da, aber nicht umgekehrt. Darum gibt es einen natürlichen Vorrang des elterlichen Rechtes vor dem staatlichen Erziehungsrecht.

Weil es kein staatliches Erziehungsmonopol gibt, gibt es auch ein **Recht auf Privatschulen.** Allerdings besitzt der Staat ein Aufsichtsrecht über öffentliche und private Schulen. Aber wir möchten nochmals betonen, dies ist ein abgeleitetes Recht, ein ihm verliehenes Recht. Das Recht der Familie ist älter und ursprünglicher. Das beste Mittel, die Gefahr des staatlichen Erziehungsmonopols zu bannen, besteht darin, daß der Staat das Prinzip der Subsidiarität wirklich anerkennt, d. h. der Staat muß damit Ernst machen, daß der Mensch wertmäßig über der Gemeinschaft rangiert. Die größere Gemeinschaft darf die kleinere nicht aufsaugen oder erdrükken, sondern sie muß ihr helfend und unterstützend beistehen. Die Eltern müssen dem Kind beistehen, die Gemeinde den Familien, das Land den Gemeinden. Die kleinen Lebenskreise sollen von den Großgebilden nicht an die Wand gedrückt werden, sondern letztere sollen immer nur ergänzend und helfend – subsidiär – tätig werden. Helfen sollen die jeweils größeren Gebilde erst dann, wenn die Aufgaben von der kleineren Gemeinschaft nicht oder nicht ausreichend erfüllt werden können. Dieses wichtige Prinzip der Subsidiarität, also der *Hilfestellung,* möchte der großen Gefahr eines Zentralismus und Kollektivismus, wie auch einem Bestreben nach staatlicher Delegation entgegenwirken. Wenn dieses Prinzip eingehalten wird, dann ist damit jede Diktatur und Allstaatlichkeit ausgeschlossen, auch jedes staatliche Bildungs- und Schulmonopol.

Diese Gedanken der Subsidiarität entsprechen der christlichen Ethik. Sie stehen in glattem Gegensatz zu den neomarxistischen Gedanken einer »emanzipatorischen Bewegung« und einer Sozialisation, die den jungen Menschen aus den natürlichen Bindungen herausnehmen und ihn vergesellschaften – sprich kollektivieren – will.

Wenn die Sozialdemokratie dabei bleibt, daß »die Mitwirkung der Eltern in der Schulerziehung . . . *ausgebaut«* wird, dann kann sie damit rechnen, daß Christen sie in diesem Anliegen unterstützen und mit ihnen eine gemeinsame Abwehr gegen neomarxistische Ideologen bilden.

Aber die Gefahr in der Sozialdemokratie muß hier klar gesehen werden. Sie liegt in dem Satz, den wir um der Sozialdemokratie selber willen nicht vergessen dürfen: ». . . die Demokratie (wird) durch den Sozialismus erfüllt.« Dieser Satz kann von neomarxistischen Ideologen bei der Neuen Linken und bei den Jungsozialisten als Hintertür benutzt werden – und wird benutzt, um ihr Gedankengut in Rahmenrichtlinien, in Schulbücher und auf Katheder zu schleusen.

Bitten

Darum bitten Christen solche Sozialdemokraten, die zu der Verwurzelung besonders in der christlichen Ethik stehen, im Blick auf das Erzieherische:

> Wir wollen der Vorrangigkeit des Intellekts entgegenwirken und die so *hohen Werte des Gemüthaften fördern,* dazu das gegenseitige Vertrauen, den Einblick ins Persönliche als Voraussetzung zur Bildung der *ganzen* Persönlichkeit neu schätzen lernen.

Dem Aberglauben an die Wissenschaft, an die Machbarkeit aller Dinge und die Technokratie wollen wir absagen und den Blick für die Tugenden der Demut und Bescheidung schärfen. Wissen vermitteln ist gut. Gewissen entwickeln ist notwendig. Das Geistige ist wichtiger als das Materielle; der Mensch ist mehr als Leistung und Fortschritt. Dennoch brauchen wir ein positives Verhältnis zur Leistung. Aber nicht nur intellektuelle, sondern auch handwerkliche, soziale und musisch-künstlerische Leistungen müssen wir positiv werten.

Innerhalb des Leistungsbereichs dürfen und müssen wir auch dem Wettbewerb sein Recht einräumen. Aber einem Wettbewerb, der sich vor der christlichen Wertordnung verantwortlich weiß.

Statt bewußter Erziehung zu zerstörerischem Mißtrauen, ständiger Kritik, statt Schaffung von geplanten Konfliktsituationen wollen wir dem Kind und jungen Menschen Vertrauen vermitteln.

So wird die Frage des Erzieherischen zu einer Frage nach dem Erzieher. Das Erzieherische kann auf Ideale nicht verzichten. Die Ideale dürfen sich nicht im Diesseitigen und bloß Gesellschaftlichen erschöpfen. Die Erziehung kann der Sinnfrage nicht ausweichen, sondern muß bis zu ihr vordringen.

So ist die letzte Frage an den Erzieher eine religiöse Frage. Gerade die religiöse Frage darf nicht an den Rand gedrängt, sondern muß in die Mitte gerückt werden.

Auf dem weiten Gebiet des Erzieherischen werden wir unserer Aufgabe nicht gerecht durch Unpersönlichkeit und Anonymität, sondern durch Bekenntnis. Zu diesem persönlichen Bekenntnis sind wir alle gerufen. Mehr noch: Wir sind durch die Ernsthaftigkeit unserer europäisch-abendländischen Situation zu dem persönlichen Bekenntnis *genötigt* und *herausgefordert*.

6. KAPITEL

Demokratischer Sozialismus in Begegnung mit kommunistischem Sozialismus

Antikommunismus?

Für Christen kann und wird sich nie etwas im bloßen »Anti« erschöpfen. Das gilt auch für den Antikommunismus. Ein bloßer Antikommunismus bleibt leicht in Feindseligkeit und Aggression stecken.

Bloßer Antikommunismus steht in der Gefahr, sich den Weg zur Entspannung zu verbauen. Entspannungspolitik ist Christen geboten und besser als feindselige Hetze. Allerdings darf das ehrlich gemeinte Wort Entspannungspolitik nicht von der anderen, der diktatorischen Seite her als Deckname für Machtpolitik mißbraucht werden. Christen wollen nicht die so reichlich vorhandenen Feindseligkeiten in dieser Welt noch um eine weitere und wesentliche vermehren. Wir wollen eine **Auseinandersetzung mit besseren Argumenten** führen. Trotz Absage an einen bloßen Antikommunismus müssen wir uns einen klaren Blick bewahren.

Obwohl bei der Entspannungskonferenz in Helsinki der sowjetische KP-Chef Breschnjew seine Unterschrift gegeben hat, erklärte er, die ideologische Propagierung und Ausbreitung des Kommunismus werde weitergeführt. Das Eingreifen in Angola, in Mozambique und Indochina auch *nach* Helsinki sind dafür Beweise. Die DDR soll trotz Devisenknappheit viele Millionen für die ideologische Unterwanderung besonders Westdeutschlands aufbringen. Die Vorgänge an westdeutschen und westeuropäischen Universitäten lassen jeden aufhorchen.

Das Grundsatzprogramm nimmt Stellung

In erfreulich klarer Weise nimmt das Grundsatzprogramm der Sozialdemokratischen Partei Stellung zum Kommunismus. In zwei lapidaren Sätzen stellt es fest:

> »Die Kommunisten unterdrücken die Freiheit radikal. Sie vergewaltigen die Menschenrechte und das Selbstbestimmungsrecht der Persönlichkeit und der Völker« (S. 27).

Im Blick auf die internationale Lage fährt das Grundsatzprogramm fort:

> »Gegen ihren (der Kommunisten) Machtapparat stellen sich heute zunehmend auch die Menschen der kommunistisch regierten Länder selber. Auch dort vollziehen sich Wandlungen. Auch dort wächst das Freiheitsstreben« (S. 27).

In diesem Zusammenhang stellt sich das Grundsatzprogramm aber auch gegen die »alten Kräfte« und stellt mit Recht fest:

> »Die gesellschaftlichen Kräfte, die die kapitalistische Welt aufgebaut haben, versagen vor dieser Aufgabe unserer Zeit. Ihre Geschichte ist eine imponierende Entfaltung technischen und wirtschaftlichen Aufschwungs, aber auch eine Kette verheerender Kriege, riesiger Massenarbeitslosigkeit, enteignender Inflationen und wirtschaftlicher Unsicherheit. Die alten Kräfte erweisen sich als unfähig, der brutalen kommunistischen Herausforderung das überlegene Programm einer neuen Ordnung politischer und persönlicher Freiheit und Selbstbestimmung, wirtschaftlicher Sicherheit und sozialer Gerechtigkeit entgegenzustellen« (S. 27).

In zwei Zungen?

Gerade auf dem Hintergrund dieser klaren Aussagen sind wir verwundert, wenn wir in dem bereits erwähnten und vom hessischen Kultusministerium anerkannten »Lese- und Arbeitsbuch zur Sozialkunde und Gesellschaftslehre, 5./6. Schuljahr: sehen – beurteilen – handeln« auf Seite 81 folgende Gegenüberstellung von Freiheiten in der Bundesrepublik und der DDR lesen müssen. Es handelt sich um je sechs Freiheiten in der Bundesrepublik und der DDR:

In der Bundesrepublik gibt es:	**In der DDR gibt es:**
Gewerbefreiheit	Freiheit von Furcht um den Arbeitsplatz
Freiheit der öffentlichen Kritik	Freiheit von Furcht vor Mietwucher
Freiheit, zwischen zwei Kanzlerkandidaten und mehreren Parteien zu wählen	Freiheit von Dauerinflation, d. h. die Preise steigen nicht
Reise- und Auswanderungsfreiheit	Freiheit von beruflicher Benachteiligung für Frauen
Freiheit von Versorgungsschwierigkeiten, d. h. man kann alles kaufen, wofür man Geld hat	Studienfreiheit für Arbeitersöhne
Freiheit von aufdringlicher Propaganda	Freiheit von aufdringlicher Reklame

Es gibt doch sehr zu denken, wenn man im Vergleich zu dieser verharmlosenden Parallele das Grundsatzprogramm heranzieht: »Die Kommunisten unterdrücken die Freiheit radikal.« Wenn die Unterdrückung allerdings so aussieht, dann kann man sich ja nur wünschen, daß wir auch in solch einer Weise »unterdrückt« würden.

Dieses Schulbuch gibt zwei Seiten vorher eine *Selbstdarstellung* der sozialistisch-kommunistischen DDR *ohne jeden Kommentar.* Elf- bis zwölfjährige Schüler lesen folgendes:

> »Unser Arbeiter- und Bauernstaat hat endgültig mit der unheilvollen imperialistischen und faschistischen Vergangenheit gebrochen und ist ein Staat des Friedens und Sozialismus. Er ist die größte Errungenschaft des jahrzehntelangen harten und opferreichen Kampfes der deutschen Arbeiterklasse und berufen, die Zukunft ganz Deutschlands zu verkörpern. *In der DDR wird durch die Arbeit ihrer Bürger dem Sieg des Sozialismus in* g a n z D e u t s c h l a n d *der Weg geebnet.«*

Wenn man dann bedenkt, daß dieser Selbstdarstellung der DDR auch auf den folgenden Seiten des Buches nicht widersprochen wird, wenn man dann noch die harmonisierende Gegenüberstellung der jeweils sechs Freiheiten in der Bundesrepublik und der DDR bedenkt, dann kann man nur feststellen:

Hier werden junge Menschen manipuliert und hinters Licht geführt. Angesichts der Diktatur in der DDR ist es doch absolut unverantwortlich, junge, heranwachsende Menschen durch eine den Tatsachen hohnsprechende Verzerrung zu solch einem »sehen – beurteilen – handeln« anzuleiten. Es sind zwei völlig verschiedene Zungen, die in diesem »Lese- und Arbeitsbuch« einerseits und im Grundsatzprogramm andererseits sprechen. Für solch ein zugelassenes »Lese- und Arbeitsbuch« zeichnet der sozialdemokratische Kultusminister mitverantwortlich. Trotzdem wollen wir keine Zweifel daran aufkommen lassen, daß die Sprache des Grundsatzprogramms stimmt. Aber dann kann doch von der sozialdemokratischen Partei unmöglich die Sprache dieses Lesebuches widerspruchslos hingenommen werden. Warum lesen wir aber nichts von einem Widerspruch? Können wir denn mit solch einer wahrheitswidrigen Entstellung und perspektivischen Verzerrung unsere heranwachsenden Jugendlichen zu überzeugten Demokraten machen, die mit besseren Argumenten der kommunistischen Riesenpropaganda widerstehen können?

In den ebenfalls bereits erwähnten »Drucksachen«-Lesebüchern wird in Band fünf sogar ein Artikel von der Terroristin Ulrike Meinhof abgedruckt. Was soll das? Das ist doch keine Antwort auf die Herausforderung durch den Kommunismus und keine Empfehlung, weder unserer westlichen Demokratie noch unserer deutschen Sozialdemokratie.

Da stimmt doch etwas nicht!

Die *Doppelzüngigkeit* muß auch diejenigen verwirren, die sich um größtmögliche Objektivität bemühen. (Zu denen möchte ich gerne gerechnet werden.) Wenn man bedenkt, wie viele Alt- und Neumarxisten den langen Marsch durch die Institutionen und so auch durch die Ausbildungsstätten aller Art angetreten haben, dann braucht man sich allerdings nicht verwirrt zu fühlen. Aber dann fragt man sich: Werden wir bei solch einer Schulung unserer Jugend der Herausforderung durch den Kommunismus auf die Dauer gewachsen sein? *Werden wir durch eine schleichende Kulturrevolution nicht zu Steigbügelhaltern des Kommunismus?*

Diese Fragen sind um so besorgniserregender, wenn wir an die zwei großen Herausforderungen denken, die jeden persönlich einbeziehen und existentiell angehen:

Die Herausforderung durch Eurokommunismus und Volksfront

Diese Herausforderung kommt immer mehr auf die Völker Westeuropas zu. Wie sich die deutsche Sozialdemokratie ihr gegenüber verhält, wird mitbestimmend sein für Zukunft und Schicksal Westeuropas und seiner vielen Menschen.

Zur Klärung der Begriffe

Der Eurokommunismus ist eine Art Nationalkommunismus. Unter Eurokommunismus versteht man den Kommunismus in westeuropäischen Ländern, der seinen »eigenen Weg des Kommunismus« gehen möchte. Aber gerade dies ist die Frage, ob oder wieweit der jeweilige Landeskommunismus von Moskau abhängig ist.

Unter Volksfront versteht man das jeweilige Zusammengehen von Kommunisten und Sozialisten – sei es auf Länder-, Städte- oder Gemeindeebene. Ob nach Bildung einer europäischen Union auch auf europäischer Ebene dieses Zusammengehen vollzogen werden wird, hält uns in größter Spannung; denn

> die Fragen nach Eurokommunismus und Volksfront sind von schicksalhafter Bedeutung.

Kommunismus – demokratisch?

Viele Menschen setzen ihre Hoffnung darauf, daß der Kommunismus sich von der Diktatur zur Demokratie hin entwickelt. Dabei können sie sich sogar auf Spitzenmänner berufen.

Lenin lehrte bereits: »Die internationale revolutionäre Bewegung des Proletariats verläuft in den verschiedenen Ländern nicht gleichmäßig und *nicht gleichartig*, sie kann es auch gar nicht . . . Jedes Land trägt zu der gemeinsamen Strömung seine eigenen wertvollen, originellen Züge bei.«

Der Vater von Sozialismus und Kommunismus, Karl *Marx*, sieht sogar eine demokratische Wahlmöglichkeit: »Gewinnt z. B. in England oder den Vereinigten Staaten die Arbeiterklasse die Majorität im Parlament oder im Kongreß, so könnte sie auf *gesetzlichem* Wege die ihrer Entwicklung im Weg stehenden Gesetze und Einrichtungen beseitigen.«

Also gibt es doch die Möglichkeit eines demokratischen Kommunismus? Wir können auch den Satz finden vom »friedlichen Übergang zum Sozialismus« und die Parole: Es gibt »verschiedene Wege zum Sozialismus«. Einer dieser verschiedenen Wege wäre dann der demokratische?

Henry *Kissinger* sprach in der 1978 bei uns ausgestrahlten Fernsehsendung »Kissinger-Report« davon, daß maßgebliche Kommunisten Westeuropas in die USA kämen und sich dort den »Segen« geben lassen, um zu Hause als »Biedermänner« aufzutreten. Er bedauert, »daß so viele auf diese Taktik hereinfallen«.

Kissinger stellt fest, daß es in Amerika viele Intellektuelle gibt, die *Theorien über die Entwicklung des Kommunismus vortragen, »die unserer gesamten Erfahrung widersprechen«*. Ich befürchte, daß es in Europa noch viel mehr Intellektuelle gibt, die eine Vorstellung vom Kommunismus haben, die ihn in seiner letzten Zielsetzung nicht durchschaut und ihn darum verharmlost. Dies etwa bei der Frage, ob der kommunistische Sozialismus demokratisch sei. Bei dieser sicherlich ehrlich gestellten Frage gilt es zu bedenken, daß keine kommunistische Partei – einmal an die Macht gelangt – die Macht wieder hergibt und sie mit anderen teilt. Kissinger will nach seiner weltweiten Erfahrung wissen, daß keine einzige kommunistische Partei in ihrer Struktur »je demokratisch« gewesen sei. Das stimmt zwar unter *parteiinternem* Gesichtspunkt so nicht. Denn der Name »Bolschewiki« = Mehrheit geht ja auf die Wahl von 1903 in London zurück, bei der die »Menschewiki« = die Minderheit unterlag, die dann allerdings von da ab nichts mehr zu vermelden hatte.

Es gehört zwar zur Taktik des Kommunismus, vorher demokratisches Verhalten zu versprechen, aber nach der Machtübernahme das Versprechen nicht zu halten, bzw. es mit neuer Taktik zu überspielen. Ein historisches Beispiel dafür gibt Walter *Ulbricht.* Im Nationalkomitee »Freies Deutschland« versprach er während des Zweiten Weltkrieges den deutschen Soldaten in russischer Kriegsgefangenschaft, nach Beendigung des Krieges Deutschland eine demokratische Verfassung zu geben. »Volksdemokratie« nannte er es und nennen die Kommunisten es. *Formal* hat er sein Versprechen in der DDR gehalten, aber in Wirklichkeit hat er es gebrochen. Das heißt: Formal ist die DDR ein Mehrparteienstaat, aber in Wirklichkeit ist dies eine Farce. Der Ausgang von »Wahlen« mit rund 99 % der abgegebenen Stimmen für die Einheitsliste entlarvt beides: die Wahl als Scheinwahl und die Mehrparteien-Demokratie als Einparteiendiktatur. Aber der Name wurde beibehalten: Deutsche *Demokratische* Republik.

Auch heute versprechen die kommunistischen Führer Demokratie. Aber wer glaubt ihnen? Leider sehr viele. Das kommt schon in dem so oft anzutreffenden Satz zum Ausdruck: »Der Kommunismus in Deutschland (Frankreich, Italien etc.) ist ein anderer als der in der Sowjetunion.«

Der Kommunismus in Westeuropa wächst

Die Tatsache, daß der Kommunismus in Westeuropa wächst, ist paradox. Denn wohl noch nie genossen wir soviel Freiheit. Wohl noch nie hatten wir solch einen hohen Lebensstandard. Und doch wächst der Kommunismus. Blicken wir auf Frankreich. Gemeinsam mit den Sozialisten gewannen die Kommunisten bei den Wahlen 1977 in 1100 Gemeinden. Darunter in den Großstädten Calais und Le Havre, selbst in der katholischen Stadt Reims. Der Gegenkandidat zum bürgerlichen Kandidaten war dort ein energischer junger Kommunist. Er siegte.

In Italien ist der Zuwachs noch viel augenfälliger. Wie in Frankreich strebt die kommunistische Partei auch in Italien systematisch nach der Macht in den Gemeinden. Es ist ihr gelungen, in 2800 Kreisen, Städten und Dörfern die Macht ganz oder teilweise zu erlangen. Die Partei beherrscht nach dem Stand vom Januar 1978 fast alle Großstädte: Mailand, Bologna, Turin, Florenz, Neapel, Venedig, Genua, Pisa, sogar Rom. Rom, das Zentrum der katholischen Kirche mit Papst, Kurie und Kardinälen, wird von einem Kommunisten regiert.

Im Süden Italiens ist der Kommunismus am wenigsten erfolgreich. Die südliche Hälfte Italiens ist konservativ. Und doch: Die Millionenstadt Neapel hat nun eine kommunistische Mehrheit und einen kommunistischen Bürgermeister.

Die Kommunisten erreichten in Italien 34 % aller Stimmen.

In Spanien haben die Kommunisten 300 000 Mitglieder.

Warum kam es zu diesem kommunistischen Machtzuwachs?

Dafür gibt es verschiedene Gründe. Der wichtigste in bezug auf Frankreich: das **Volksfrontbündnis** zwischen Kommunisten und Sozialisten. Der französische Kommunistenführer Georges *Marchais* sagte in einer öffentlichen Rede: »Es wäre ein unglaublicher Glücksfall für die Rechten und für die Kapitalisten, wenn die Massen resignierten, wenn sie unfähig wären, ihr Gewicht zusammen mit dem der Gewerkschaft in die Waagschale zu werfen, um echte Veränderungen zu bewirken. Aber hier hat man die Rechnung ohne die Kommunisten gemacht.« Die Franzosen rechneten wohl mit den Kommunisten. Womit sie aber nicht gerechnet hatten, war die Bildung der *Volksfront.* Kommunisten und Sozialisten traten gemeinsam und mit vereinten Voten auf.

Ein anderer Grund: Die Kommunisten hatten eine besondere **Volksnähe.** Viele Arbeiter in Frankreich fühlten sich vom regierenden System und seinen bürgerlichen Parteien vernachlässigt. Kommunisten aber nahmen sich der Arbeiter und ihrer *Alltagsbelange* an. Der spätere kommunistische Bürgermeister in Reims versprach den Menschen, was die anderen Parteien ihnen auch hätten versprechen können: Das Rathaus sei nicht für die Beamten da, sondern für das Volk. Vom Rathaus sollten nicht nur Steuerbescheide verschickt werden; das Rathaus sei für ihre Sorgen und Nöte da, nicht aber für Bürokratie und Indolenz. Er wurde gewählt und machte dann auch das Rathaus zum Haus der Offenen Tür. Die Kommunisten veranstalteten Bürgerversammlungen zum Thema Arbeitslosigkeit. Vertreter der Wirtschaft wagten nicht hinzugehen, weil sie befürchteten, ausgelacht oder beschimpft zu werden. Sogar die sozialistischen Stadträte hielten sich zurück.

In Italien ging es auch sehr volks- bzw. arbeiternah zu. In den Jahren nach 1945 fuhren viele Süditaliener nach Norditalien in der Hoffnung, dort Arbeit zu finden. Sie wurden von den Kommunisten am Zug abgeholt. Man bemühte sich um sie. Das gehört mit zur Strategie der Kommunisten. Diesem persönlichen Sich-Annehmen schloß sich die politische Beeinflussung an. Die Stadträte der übrigen Parteien seien »korrupt und unfähig«, erklärte man ihnen. Jetzt beherrschen die Kommunisten fast alle Gewerkschaften.

Ein dritter Grund: Die Kommunisten sind **besser organisiert und diszipliniert.** Die von jeher straffe Organisation und Disziplin sind stark am Machtzuwachs in Frankreich und Italien beteiligt, aber auch in Spanien und Portugal.

Die Strategie der Kommunisten

Das Volksfrontbündnis geht von Machtüberlegungen aus. H. *Kissinger* sagte: *»Die Kommunisten wollen die* totale *Macht.«* Darum haben sie auch nicht die Absicht, die Macht mit den Sozialisten auf die Dauer zu teilen. Das Volksfrontbündnis in Frankreich hatte und hat den Zweck, gemeinsam mit den Sozialisten die Kontrolle über viele Städte zu übernehmen. Das Bündnis ist angeblich an der *Enteignungsfrage* geplatzt; d. h. die Kommunisten wollten alles enteignen – bis zum Tante-Emma-Laden –, die Sozialisten hingegen nur einiges. Aber der eigentliche Grund liegt tiefer: Wenn sie nicht die totale Machtbefugnis bekommen, ziehen sie es vor, in der Opposition *abzuwarten,* z. B. darauf, daß ihnen eine Wirtschaftskrise oder eine Zwietracht zwischen den demokratischen Parteien eine Chance bietet, die Macht zu erreichen – vielleicht wieder mit einem erneuten Volksfrontbündnis. – Es wird angenommen, daß der Bruch des Volksfrontbündnisses sogar auf Weisung Moskaus erfolgte.

Sollte die auf totale Macht angelegte Strategie der Kommunisten nicht den Sozialisten in allen Ländern Westeuropas zu denken geben und sie davor warnen, sich zum Steigbügelhalter mißbrauchen zu lassen? Bei der Stichwahl im März 1978 in Frankreich hat das hastig gekittete Volksfrontbündnis zwar eine Niederlage erlitten. Aber Sozialisten und Kommunisten verkündeten unmittelbar danach, sie würden sich schon jetzt auf die nächste Wahl rüsten.

Und der Eurokommunismus?

Der spanische Kommunistenführer Santiago *Carillio* hat durch sein Buch über den Eurokommunismus eine Selbständigkeitsbestrebung bekundet. Das Buch hat eine heftige Diskussion ausgelöst. Dadurch, daß Moskau sein Buch abgelehnt hat, wurde bei vielen Menschen im Westen die Meinung bestärkt, daß der Eurokommunismus eben doch ein anderer Kommunismus sei, den man nicht zu fürchten brauche. Hinzu kam, daß der französische Kommunismus öffentlich auf den Grundsatz von der »Diktatur des Proletariats« verzichtete. . . . Also ist doch alles nicht so gefährlich, wie es von den Gegnern meist dargestellt wird . . .?

Der italienische Kommunistenführer Enrico *Berlinguer* sagte in einer Massenversammlung:

> »Wir dürfen die schäbigen, jämmerlichen Angriffe nicht vergessen, denen wir haben standhalten müssen. Unsere Kritiker nebeln sich ein. Ihnen fällt nichts mehr ein außer den alten abgedroschenen Argumenten: Wir seien Sklaven Moskaus; wir wollten alles kollektivieren; wir wollten die anderen Parteien ausradieren. – Die kommunistische Partei Italiens arbeitet in allen Teilen der Gesellschaft aktiv mit und steht mit allen Schichten der Bevölkerung in Kontakt.«

Also ist der Eurokommunismus doch ein ganz anderer Kommunismus? Eben doch ein demokratischer? Was sagen Politiker und Gewerkschaftler zu dieser **Schicksalsfrage?**

Heinz Oskar *Vetter,* Vorsitzender des Deutschen Gewerkschaftsbundes und Sozialdemokrat, sagte am 25. Januar 1976 in Rom öffentlich:

> »Die Wirklichkeit ist, daß nunmehr *zwei vollständig vonein-*

ander verschiedene Typen des Kommunismus bestehen, der von Moskau beherrschte und jener, der auf alle Weise die Wege einer nationalen Entwicklung zu finden sucht. Dieser zweite ist der italienische und bei weitem sympathischere.«

Also Zusammenarbeit mit Kommunisten? Um die Antwort auf diese Frage wird subjektiv ehrlich gerungen.

Der italienische Christdemokrat und Ministerpräsident *Andreotti* konnte während seiner Amtszeit ohne Duldung durch die Kommunisten nicht regieren. In einem Fernsehgespräch in der erwähnten Sendung »Kissinger-Report« äußerte er sich dem amerikanischen Reporter gegenüber in bezug auf Zusammenarbeit mit Kommunisten:

»Persönlich ist es für mich nicht schwer, denn mit vielen Kommunisten arbeite ich seit dreißig Jahren im Parlament zusammen. *Die kommunistische Partei versucht eine allgemeine, objektive Politik zu betreiben, die weder kommunistisch noch antikommunistisch ist.* Dieses politische Verhalten ist angesichts unserer schwierigen Lage erforderlich.«

Als der Reporter ihm sagte und ihn fragte: »Die kommunistische Partei behauptet, sie wolle freie Wahlen, Redefreiheit, Glaubensfreiheit usw. Glauben Sie das?«, antwortete Andreotti:

»Mir scheint, daß die italienischen Kommunisten aus *Überzeugung* und nicht nur aus taktischen Gründen Antistalinisten sind. Wir sollten aber auch nicht vergessen, daß es dort, wo Kommunisten an der Macht sind, diese Freiheitsrechte nicht gibt. Wir dürfen zwar einiges Vertrauen in die Entwicklung des Kommunismus setzen. Aber die Geschichte mahnt zur Vorsicht.«

Hören wir nochmals den Kommunistenführer Italiens, Berlinguer, auf einer Massenkundgebung:

»Wir sind gegen alle Engstirnigkeit und allen Extremismus, besonders aber gegen blinde Gewalt. Wir sind gegen Verbrecher und Terroristen, die die Jugend in die Irre führen und sie zu negativen und destruktiven Handlungen verleiten.«

Besonders an die jüngere Generation gewandt, rief er den Menschen zu:

»Ihr könnt die Führer einer neuen Bewegung sein. Ihr könnt eine **neue Gesellschaft** aufbauen. Das ist das **Ziel** der kommunistischen Partei. Und die überwältigende Mehrheit der Jugend Italiens teilt diese unsere Hoffnung.«

Antwort in bezug auf den Eurokommunismus

Die **Alternativfrage** lautet:

Können wir im Eurokommunismus mit einem veränderten Kommunismus rechnen, mit dem ein Zusammengehen in der Regierung möglich ist?

Nein, damit können wir nicht rechnen.

Begründung:

Falls unter den Eurokommunisten eine erkenntnismäßige Hinwendung zur Demokratie erfolgt wäre, – warum setzen sie sich dann nicht für Verwirklichung echter Demokratie z. B. in der DDR ein, wenn sie aufgrund ihrer lebhaften Kontakte mit der DDR dort ihre Besuche machen? Warum reden sie nur in Richtung Chile und nicht in Richtung Osten? Oder herrscht in der DDR keine Diktatur? Das hat jedenfalls SED-Chef Honecker im Zusammenhang mit der Verhaftung des Systemkritikers Bahro selbst zugegeben:

»Die Verhaftung Bahros zeigt, daß bei uns die Diktatur des Proletariats gilt« (in: »Spiegel« Nr. 11 vom 13. 3. 78, S. 34).

Diktatur – ob von links oder rechts – ist **menschenunwürdig,** weil sie die Menschenrechte mit Füßen tritt und der Mensch als bloßes Material behandelt und verzweckt wird.

Hingegen: Zur Demokratie gehören Pressefreiheit, Redefreiheit, Gewissensfreiheit, Religionsfreiheit, Bewegungsfreiheit, Gewerbefreiheit etc. Warum setzen die Eurokommunisten sich nicht dafür ein – auch im Blick auf die übrigen sozialistischen Ostblockländer? Sie setzen sich deshalb nicht dafür ein, weil sie ein anderes Verständnis von Demokratie haben.

Beweis

Der italienische Kommunistenführer Enrico *Berlinguer* erklärte:

> »Natürlich werden unsere größten Anstrengungen darauf gerichtet sein, neue Wege für die demokratische Umwandlung unseres Landes und der anderen Länder Westeuropas in Richtung auf den Sozialismus zu öffnen.«

Ziel ist also eine »demokratische Umwandlung«. Und die in Westeuropa. Was soll denn hier umgewandelt werden, wo wir in Westeuropa doch eine parlamentarische Demokratie und eine freiheitlich-demokratische Rechtsordnung haben? »Wer Ohren hat zu hören, der höre.« Nach Berlinguers eigenen Worten handelt es sich um nicht weniger als um eine *»Umwandlung* . . . der Demokratie in Richtung auf den Sozialismus«. Diese Umwandlung haben wir bereits in der DDR und in anderen Ostblockländern erlebt. Wie die »Umwandlung« z. B. in bezug auf die zwar verfassungsmäßig eingeräumte Religionsfreiheit zu verstehen ist, hat schon am 27. November 1957 der DDR-Politiker Albert *Norden* zu erkennen gegeben: »Die Kirche ist der letzte Feind in der Deutschen Demokratischen Republik.« Und wie das Verständnis von Demokratie aussieht, hat der portugiesische Kommunistenführer *Cunhal* offen gesagt:

> »Wahlen sind mir gleichgültig. Ich sage Ihnen: Wahlen haben nichts oder nur sehr wenig mit der Dynamik einer Revolution zu tun« (wörtlich wiedergegeben nach »Kissinger-Report«).

Der bereits erwähnte amerikanische Journalist des »Kissinger-Reports« stellte Cunhal die Frage: »Gibt es Ihrer Meinung nach mehr Demokratie im Westen oder in der Sowjetunion?« Er gab die klare Antwort: »In der Sowjetunion.«

Es liegt also ein unterschiedliches Verständnis von Demokratie vor.

Diese Tatsache hilft uns auch, die bereits erwähnte und von vielen Gut- und Leichtgläubigen bejubelte Aussage richtig zu verstehen, die Eurokommunisten hätten die »Diktatur des Proletariats« aufgegeben. Der französische Kommunist und Generalsekretär

Marchais hat ja bei dieser Verzichterklärung 1976 »für den *französischen* Weg zum Sozialismus« geworben. Er hat auch »gewisse Vorkommnisse« in der Sowjetunion gerügt. Aber er hat dennoch behauptet, daß dort Demokratie verwirklicht werde. *Volksdemokratie* nennen sie es gern. Diese Verwirklichung sah er in der »Gleichheit der Chancen« und darin, daß dort niemand ausgebeutet werde. Von freien, gleichen, allgemeinen und direkten Wahlen war mit keinem Wort die Rede.

Es läßt sich also bei objektiver Einstellung nicht bestreiten, daß es ein unterschiedliches Verständnis von Demokratie gibt. Im Klartext: Trotz Verwendung gleicher Vokabeln meinen Kommunisten und Nichtkommunisten dennoch etwas Verschiedenes. Das sollte uns alle sehr nachdenklich machen. Da sie – neben ihrem anderen Demokratieverständnis – bewußt Kommunisten sind und bleiben wollen, müssen wir uns vergegenwärtigen:

> Auch der Eurokommunismus ist als Kommunismus gewaltherrschaftlich, er verletzt die Menschenrechte, weil er die gottgewollten Freiräume des Menschen nicht anerkennt, sondern sie unterdrückt und den Menschen in den allstaatlichen Zwangsapparat einklemmt. Darum ist auch der Eurokommunismus trotz seines gewiß aufrichtigen Mühens auf sozialem Gebiet dennoch in seinem Wesen unsozial, unliberal und inhuman.
>
> In summa: Eurokommunismus und Christentum sind unvereinbar.

Wir wollen noch kurz die wichtige Frage beantworten:

Ist Moskau für oder gegen den Eurokommunismus?

Diese Frage, die die Gemüter erregt und die Menschen in zwei Lager gespalten hat, können wir heute durch folgenden Umstand klar beantworten:

In der letzten Mai-Woche 1978 fand in Budapest eine Besprechung aller kommunistischen Staaten des Warschauer Paktes und Kubas und der Äußeren Mongolei statt. Gemeinsam mit Moskau ging es bei dieser Konferenz darum,

1. den Eurokommunismus propagandistisch zu unterstützen und
2. die Kandidatenfrage für das Europäische Parlament zu besprechen.

Es wurde insbesondere überlegt, wie man verhindern könne, daß Gegner des sowjetischen Hegemoniestrebens zum Zuge kommen könnten und wie man solche Kandidaten der harten Linie rechtzeitig »abschießen« könne, um solchen den Platz frei zu machen, die nicht als Gegner zu werten sind.

Moskau ist also **für** den Eurokommunismus und versucht sogar – wie könnte es anders sein –, auf das Europäische Parlament Einfluß zu nehmen.

Antwort in bezug auf die Volksfront

Das Zusammengehen von Sozialisten und Kommunisten in einem Volksfrontbündnis bedroht die freiheitliche Existenz des abendländisch geprägten Europa und ist darum aufs entschiedenste abzulehnen.

Begründung

Wenn die demokratischen Sozialisten mit den marxistisch-leninistischen Kommunisten in Wahlbündnissen zusammengehen, dann verleugnen sie ihr historisches Erbe. Jahrzehntelang haben demokratische Sozialisten sich für den »Revisionismus« eingesetzt, um sich von den totalitaristisch-diktatorischen Elementen des Marxismus zu befreien. Dafür können wir den Vätern des Revisionismus nicht genug danken. Wollen nun heutige demokratische Sozialisten die schwer errungene Revision aufs Spiel setzen?

Wer unter den demokratischen Sozialisten glaubt, er könne das Problem Volksfront mit einer demokratischen Elle messen, der hat aus der geschichtlichen Erfahrung mit Hitler nichts gelernt.

Hitler wäre ohne diejenigen, die mit ihm eine »nationale Front« gebildet haben, auf demokratischem Wege nicht an die Macht gekommen. Aus diesen Kreisen der sogenannten »nationalen Erhebung« meinte jemand kurz nach dem Machtantritt Hitlers: »In einigen Wochen haben wir Hitler in die Ecke gedrückt, daß er quietscht.« – Es kam umgekehrt. –

Auch Hitler hatte von Demokratie gesprochen, als es in sein politisches Kalkül paßte. Dabei hätte jeder seine wahren Absichten in seinem Buch »Mein Kampf« nachlesen können.

Hitler gutgläubig vertraut zu haben, hat uns in Diktatur und Weltkrieg gestürzt.

> Auch der Eurokommunismus ist diktatorisch angelegt. Er hat seine Herkunft und sein Wesen nicht verleugnet. Es ist zu riskant, es auf einen Versuch mit ihm ankommen zu lassen. Das Erwachen wäre schrecklich. Aber dann ist es zu spät. Darum ist ein Volksfrontbündnis absolut abzulehnen.

Ich freue mich über den klaren Warnruf des ehemaligen britischen Labour-Premierministers Harold Wilson. Er bezeichnet das Zusammengehen des französischen Sozialistenführers Francois Mitterrand mit den Kommunisten als *»Mitterrandismus«*. In einem Artikel, der von der liberalen Zeitung »The Guardian« nachgedruckt wurde, lehnt Wilson Wahlbündnisse zwischen Sozialisten und Kommunisten strikt ab. Solche Bündnisse hätten in den sozialdemokratischen Parteien keine Rolle zu spielen. Wörtlich schrieb er: »Wir müssen ihm jegliche internationale Unterstützung versagen, ihn (den Mitterrandismus) *wie die Pest meiden.«*

Das ist ein klares Wort. Wir alle, besonders aber, die es angeht, sollten es unbedingt beherzigen. Der sich auf der politischen Weltbühne auskennende *H. Kissinger* warnt ebenfalls:

> »Mir erscheint es unvorstellbar, daß Kommunisten, die ja davon überzeugt sind, die Repräsentanten einer unausweichlichen Entwicklung zu sein, es für demokratisch halten würden, wenn man sie abwählt; und das um so weniger, als sie ja dabei sind, die Institutionen systematisch zu unterminieren, die zum Zentrum des Widerstands gegen sie werden können« (nach »Kissinger-Report«).

7. KAPITEL

Europa muß werden

Wir befinden uns in einem Boot

Die Menschen der freien Welt, besonders aber Westeuropas, haben ein gemeinsames Schicksal.

Wir stehen einer gewaltigen militärischen Macht des Ostblocks gegenüber. Der **Warschauer Pakt,** der durch ständige Rüstung weit über das Verteidigungsnotwendige hinausgeht, unterhält in Mitteleuropa nach Stand Ende 1977 58 Divisionen. Die NATO hat in Mitteleuropa 27 Divisionen. Die Sowjetunion hat in Mitteleuropa 19000 Panzer und 2460 Flugzeuge, die NATO 6100 Panzer und 1700 Flugzeuge. In nuklearer Bewaffnung ist allerdings der Westen dem Ostblock überlegen. Diese militärische Bedrohung richtet sich gegen uns alle.

In der DDR habe ich mich davon überzeugt – z. B. in den Zeitungen –, daß die **Erziehung** der Jugend **zum Haß** bewußt betrieben wird. Das Militärlexikon der DDR von 1973 spricht vom »Haß auf die Feinde des Sozialismus«, es erzieht zur »Überzeugung von der historischen Überlegenheit des Sozialismus« und lehrt die »Gesetzmäßigkeit seines weltweiten Sieges«. Diese bewußte Erziehung zum Haß sollten wir nur ja nicht unterschätzen. Es entspringt deshalb brennender Sorge, wenn die evangelischen Bischöfe der DDR im Juni 1978 in allen Kirchen ein Kanzelwort gegen die Einführung des Wehrkundeunterrichts in den Klassen 9 und 10 der Schulen verlesen ließen. Dieser Unterricht soll keine vormilitärische Ausbildung bringen. Die besorgt bereits die paramilitärische »Gesellschaft für Sport und Technik«. Vielmehr soll eine noch stärkere ideologische Zu- und Aufrüstung erfolgen und eine Erziehung der jungen Generation zum unversöhnlichen Haß gegen alles Nicht-Kommunistische.

Als der ehemalige KZ-Insasse Simon *Wiesenthal* in den USA über die Grausamkeiten des Hitlerismus sprach, wurde er gefragt, wie es dazu kommen konnte, da das deutsche Volk doch eine Kulturnation sei. Er gab die Antwort: durch die systematische Erziehung zum Haß. Er sagte zu seinen amerikanischen Zuhörern, auch in den USA seien bei solch einer Erziehung zum Haß die gleichen Grausamkeiten möglich gewesen. Dies aus dem Munde eines Juden, der selbst unter deutschen KZ-Aufsehern leiden mußte. Welch eine Warnung vor der psychologischen Manipulation zum Haß!

Um was geht es?

Uns allen im Westen hat es darum zu gehen, daß wir das hohe Gut der **Freiheit** nicht verlieren. Das muß uns alle zusammenschmieden. Ob wir wollen oder nicht: Wir alle befinden uns in *einem* Boot.

Angesichts unserer Schicksalsgemeinschaft bleiben uns hierfür nur ganz wenige Auswahlfaktoren.

Wir gehen auf Europa zu. Die Wahlen zum Europa-Parlament stehen zur Diskussion. Vom Europa-Parlament werden starke geistige Impulse ausgehen. Entscheidend ist die Frage: Welche?

Keiner wird bestreiten können:

> Europa ist unter dem Zeichen des Kreuzes Christi geworden. Das Bekenntnis zum Kreuz schuf den geistigen Raum, der die Menschen von den Nordmeeren bis zum Mittelmeer zu einer Einheit zusammenführte. Unter diesem Zeichen des Kreuzes wuchsen und entfalteten sich die geistigen und sittlichen **Grundwerte.** An den Universitäten Europas wetteiferten im Lauf der Jahrhunderte Geistes- und Naturwissenschaften.

Im Kreuz liegt aber nicht nur das Wohl. Im Kreuz liegen auch Vergebung und Neubeginn. Vergebung für die viele und große Schuld, die Menschen gegen Gott und Mitmenschen auf sich geladen haben, auch die große Schuld in sozialer Beziehung. Im Kreuz liegt auch das Heil! Unter dem Kreuz können und dürfen wir uns die Hände reichen und neu beginnen.

Ich bin davon überzeugt:

> Wir können nur im Geiste des Kreuzes miteinander leben.

Europa kann nur geschichtliche Wirklichkeit bleiben, wenn *freie Rechtsstaatlichkeit* weiter bejaht wird und aus christlichem Glauben erwächst. So wichtig das Wirtschaftliche ist, so durfte und darf Europa keineswegs ausschließlich auf wirtschaftlichen Interessen aufgebaut werden. Geistiges ist wichtiger als Materielles. Darum müssen wir zurück unter das Zeichen des Kreuzes. Andernfalls verlieren wir die Grundwerte, die untrennbar mit dem Bekenntnis zum Kreuz verbunden sind. Der Blick in die Länder des Materialismus und Atheismus beweist diesen Verlust eindeutig. Sie hatten auch Kirchen mit dem Kreuz. Sie haben sie in Lagerhäuser mit Sowjetstern verwandelt. Die Menschenrechte liegen in Scherben – nicht ohne große Schuld von bloßen Namenchristen.

Was heißt das nun für unser anstehendes Problem? Zweierlei:

1. Das politisch sich formierende Europa bedarf der salzartigen Mitwirkung überzeugter und verantwortungsbereiter Christen.

Das neu zu bildende Europa hängt in seinem Ergebnis weit davon ab, ob Christen in allen demokratischen Parteien diese Salzwirkung ausüben. Der Sendungsauftrag Jesu Christi an seine Nachfolger »Ihr seid das Salz der Erde« (Matth. 5, 13) gilt auch und gerade für die brennenden Fragen Europas im 20. Jahrhundert. Zwar gibt es keine christliche Europa-Idee, keine Verheißung für ein wirklich christliches Europa. Wir müssen nüchtern bleiben. Dennoch gilt: In keinem Erdteil hat Christus durch seine Gemeinde über Jahrhunderte so weit in die einzelnen Kulturbereiche (Ehe, Familie, Erziehung, Recht etc.) hineingewirkt wie in Europa – trotz aller Schuld der Kirche und der Christen. Es ist aber nicht damit getan, sich an das salzartige Hineinwirken in vergangenen Tagen zu erinnern, sondern es muß Ziel im Blick auf das künftige Europa werden. Es gilt, Christen aufzumuntern, bewußt als Christen im kommenden vereinten Europa mitzuwirken.

2. Angesichts der globalen Herausforderung müssen sich die Kräfte des sozialen Anliegens und die Kräfte des christlichen Anliegens finden.

Beide müssen begreifen lernen, daß sie aufeinander angewiesen sind. Denn beide sind von den Gegnern unserer freiheitlich-demokratischen Rechtsordnung bedroht. Darum müssen sich Sozialdemokraten fragen, wer ihnen näher steht: der Eurokommunist oder der Christ? Christen aber müssen Buße tun dafür, daß sie im Blick auf die soziale Gerechtigkeit die Anliegen der Arbeiterschaft in den meisten Fällen viel zu wenig erkannt und unterstützt haben. Dabei ist es in Wahrheit so: *Wenn einer die Notwendigkeit sozialer Gerechtigkeit begriffen haben muß, dann der Christ.* Darum dürfen sich Christen in ihrem sozialen Verantwortungsbewußtsein und Engagement von keinem übertreffen lassen.

Sind Christentum und Sozialismus vereinbar?

Es gibt verschiedene Begriffserklärungen wie auch verschiedene Erscheinungsweisen des Sozialismus. Darum muß man wissen, was man meint. Wir meinen diejenigen sozialen Demokraten, die den Marxismus in seiner irrenden Ideologie erkannt haben und darum ablehnen.

Wir meinen diejenigen sozialen Demokraten, die es mit der Verwurzelung aufrichtig meinen, von der das Grundsatzprogramm der Sozialdemokratischen Partei Deutschlands spricht: Verwurzelung in »christlicher Ethik, in Humanismus und in der klassischen Philosophie«.

Das Wort »Sozialismus« werden Sozialdemokraten nicht aufgeben wollen. Vielleicht sind sie durch die Forderung nach einem Verzicht überfordert. Dennoch wären sie zu einer Wortkorrektur berechtigt. Denn die Bezeichnung Sozialismus bildete sich für das Gegenüber zum Kapitalismus als dem Prinzip des rücksichtslosen Profitstrebens und der Eigenmächtigkeit der Kapitaleigner. Seitdem wir die soziale Marktwirtschaft und die Mitbestimmung haben, seitdem wir mit Fug und Recht auf einen erreichten Sozialstaat verweisen können, besteht keine Notwendigkeit mehr, den mit tausend Ungerechtigkeiten und mit Haßgefühlen belasteten Begriff Kapitalismus weiterzuführen. Da sich auch die Sozialdemokratie zur sozialen Marktwirtschaft bekennt und die Mitbestimmung wesentlich ihr Werk ist, besteht durchaus die Möglichkeit, auf den Gegenbegriff

Sozialismus zu verzichten. Ein zweifacher Verzicht – sowohl auf Kapitalismus als auf Sozialismus – würde wesentlich zur Verbesserung des Klimas beitragen. Der Verzicht auf das Wort Sozialismus würde ergänzen, was wir bereits in dem neuen Begriff »Sozialpartner« statt des alten Begriffs »Klassenfeind« vollzogen haben. Im übrigen stimmt es einfach nicht, wenn Helmut *Gollwitzer* behauptet: »Wir leben . . . in einer von Klassenherrschaft und Klassenkampf geprägten Gesellschaft« (H. Gollwitzer in »Christentum und Sozialismus«, S. 13). Vielmehr ist es sinnvoll, daß wir heute nicht mehr von Kapitalist und Proletarier sprechen, nicht mehr von Ausbeuter und Ausgebeutetem, sondern von Arbeitgeber und Arbeitnehmer. Daß es so werden konnte, verdanken wir gegenseitiger Einsicht, aber im Entscheidenden dem Einsatz der Arbeiterschaft und der Arbeiterbewegung für soziale Gerechtigkeit und gesellschaftliche Anerkennung.

Dabei wollen wir nicht verschweigen, daß sich der Kapitalismus auch Verdienste erworben hat. Davon spricht – wie wir sahen – sogar das Grundsatzprogramm. Dennoch können die Leistungen und der gewaltige wirtschaftliche Aufschwung unter dem Kapitalismus die Tatsache nicht aus der Welt schaffen, daß sie weithin auf Kosten der Arbeiterschaft gingen und die soziale Ungerechtigkeit eben doch zum Himmel schrie. Der geschichtliche Rückblick im letzten Teil unseres Buches wird dies erneut belegen.

Historisch gesehen, könnte und müßte das Wort Sozialismus aufgegeben werden. Auch im Blick auf die abgehandelten Probleme Eurokommunismus und Volksfront wäre eine Sprachbereinigung gut, d. h. also ein Verzicht auf das nun mal historisch geprägte, aber auch historisch belastete Wort Sozialismus.

Obwohl die Worte Sozialdemokratie und Sozialdemokrat auch mit der Geschichte der Arbeiterbewegung verbunden sind, werden sie doch mit den gemäßigten Sozialisten und dem Revisionismus in Zusammenhang gebracht. Darum ist das Wort Sozialdemokratie nicht mit solchen Emotionen verbunden wie das Wort Sozialismus, das für viele ein Reizwort ist.

Da es um Europa und seine Grundwerte geht, da die Verhältnisse sich voraussichtlich immer mehr zuspitzen werden, da es letztlich um ein christlich-soziales Europa in Freiheit oder um ein sozialistisch-marxistisches Europa in Unfreiheit geht, ist **das Gebot der Stunde die »große Koalition«** aller fortschrittlichen christlichen und sozialdemokratischen Kräfte.

Auf europäischer Ebene sieht sich das Problem anders an als auf bundesrepublikanischer. Im Blick auf Europa gehören Sozialdemokraten und Christdemokraten an einen Tisch. Und zwar grundsätzlich. Andernfalls ist für beide die Gefahr zu groß, von Eurokommunismus und Volksfront überrollt zu werden.

Wir fragen: Christentum und Sozialismus – vereinbar? Wir werden dynamisch und bedingt antworten müssen:

In dem Maße, wie sich Sozialismus mit Marxismus und Neomarxismus verbindet, sind Sozialismus und Christentum unvereinbar.

In dem Maße, wie sich Sozialismus von sozialer Demokratie und Sozialdemokratie her versteht, die in »christlicher Ethik, im Humanismus und in klassischer Philosophie verwurzelt ist«, können beide aufeinander zugehen und sich gegenseitig befruchten.

Praktisch heißt das:

Welch eine **enorme geistige Kraft** könnte von dieser **»großen Koalition«** zwischen sozialpolitisch verantwortlichen Christen und christlich verantwortlichen Sozialdemokraten z. B. im Straßburger Parlament für ganz Westeuropa und darüber hinaus ausgehen! Welche Perspektiven tun sich hier auf! Perspektiven von historischer Dimension. Nochmals:

Sozialdemokraten gehören in Straßburg an die Seite von Christdemokraten und nicht von Eurokommunisten und Volksfrontsozialisten. Das kann Westeuropa vor einem kommunistischen Würgegriff bewahren.

Darum fordern Christen die sozialdemokratischen Freunde auf:

Setzen Sie sich ab von marxistischen und neomarxistischen Tendenzen und Kräften innerhalb ihres großen Lagers! In dem Maße, wie dies geschieht, vollziehen Sie einen Akt von historischer Notwendigkeit. Millionen werden Ihnen dafür danken.

Dieses Buch will nicht Parteipolitik, sondern . . .

Bei diesem Buch geht es nicht darum, für oder gegen eine bestimmte Partei zu sprechen. Ich schreibe dieses Buch als bewußter Christ. Das Buch will ein wenig von der hohen **Mauer der Schuld abtragen** helfen, die viele in Kirche und Christenheit durch einen verkürzten Blick und unterentwickeltes Verantwortungsbewußtsein der Arbeiterschaft gegenüber aufgerichtet haben. Es ist die Frage, ob es einem Theologen gestattet wird, zu den uns bedrängenden diesbezüglichen Fragen aus seiner Sicht Stellung zu nehmen, ohne ihm Parteipolitik vorzuwerfen. Man sollte ihm diese Stellungnahme einräumen, zumal das Wort Gottes den Christen gebietet: »Sucht der Stadt Bestes.« Vom Evangelium her will dieses Buch einen dritten Ort den Parteien gegenüber einnehmen. Von dorther ist noch folgendes zu sagen: Als Christen sind wir dankbar für die Klarstellung im Grundsatzprogramm:

»Der Sozialismus ist kein Religionsersatz«

Auch an dieser Grundsatzprogramm-Erklärung möchten wir erkennen, daß demokratischer Sozialismus sich weltanschaulich nicht mit Atheismus und Materialismus verbindet. Geschähe diese Verbindung, dann wäre Sozialismus allerdings ein Religionsersatz. So aber will der demokratische Sozialismus sich auf diesem Gebiet noch mehr als nur zurückhalten. Und zwar nach den Worten seines Grundsatzprogrammes »aus der Achtung vor den Glaubensentscheidungen des Menschen, über deren Inhalt weder eine politische Partei noch der Staat zu bestimmen haben«.

Um so schmerzlicher ist es, daß – laut Pressemeldung – »die Landes-SPD« von Baden-Württemberg in die Wahlen zur Landessynode der evangelischen Kirche in Württemberg eingegriffen hat. Und zwar zugunsten der weithin theologisch-modernistisch und politisch links orientierten »Offenen Kirche« gegen deren Widerpart, die vornehmlich reformatorisch-pietistisch geprägte »Lebendige Gemeinde«. In einem diesbezüglichen Brief der Landes-SPD heißt es laut Pressemeldung des Informationsdienstes der Evangelischen Allianz (idea) vom 28. November 1977 u. a.: »Wenn es gelänge, am 4. Dezember die schätzungsweise 15 000 Sozialdemokraten in Württemberg, die evangelische Kirchensteuerzahler sind, an die Wahlurnen zu bringen, dann würde dies dazu beitragen, daß sich auch in der württembergischen Landessynode Positionen durchsetzen, die den unsrigen nicht fernstehen.« Außerdem verfaßte der SPD-Ortsverein Stuttgart-Heumaden einen Wahlbrief, in dem es u. a. hieß:

> »Liebe Genossinnen und Genossen, liebe Freunde . . .
> Wir bitten Euch dringend, die Kandidaten der ›Offenen Kirche‹ durch Eure Stimmen zu unterstützen . . . vor allem aus folgenden Gründen:
> – Die ›Lebendige Gemeinde‹ will Mission im traditionellen Sinne weiterführen als ›Bekehrung‹ Andersdenkender.
> – Die ›Offene Kirche‹ sucht den Dialog mit anderen.
> – Die ›Lebendige Gemeinde‹ will die politische Arbeit der Studentengemeinschaft unterbinden, indem sie den Geldhahn zuzudrehen sucht.
> – Die ›Offene Kirche‹ möchte diese politisch engagierten Gemeinden unterstützen und begleiten.

. . . Jede Stimme ist wichtig. Jede Stimme, die der ›Offenen Kirche‹ verlorengeht, kommt der intoleranten Strömung in der Ev. Kirche zugute . . .«

Ich will auf den Inhalt nicht eingehen, aber das Wort »intolerant« doch als unsachlich und unrichtig zurückweisen; denn die Lebendige Gemeinde hat nie ihre absolute Mehrheit in der letzten Landessynode »intolerant« gehandhabt, sondern alle Beschlüsse auch mit Stimmen anderer Synodaler gefaßt.

Worauf es ankommt, ist dreierlei:

1. Eine politische Einmischung der SPD in kirchliche Wahlvorbereitung liegt vor und kann von keinem bestritten werden.
2. Damit liegt eine Parallele zum Nationalsozialismus vor, der sich auch in Sachen der Kirche politisch eingemischt hat.
3. Indem sich die SPD hinter eine bestimmte Richtung stellte, hat

sie sich das Recht verwirkt, Hirtenworte katholischer Bischöfe als Wahlbeeinflussung zu beanstanden.

Gern weise ich darauf hin, daß es sich nicht um eine Verlautbarung der bundesweiten SPD handelt. Der Landesvorsitzende Eppler hat sich für seine Person von der Verlautbarung distanziert. Außerdem haben Ende März 1978 etliche Vertreter des SPD-Landesverbandes in einem Gespräch in Stuttgart den Vertretern der Ludwig-Hofakker-Vereinigung und der Lebendigen Gemeinde gegenüber erklärt, alle kirchlichen Gruppen seien für die SPD gleich wählbar.

Dieses Problem einer parteipolitischen Einmischung in einen kirchlichen Wahlvorgang führt uns zu etwas Grundsätzlichem:

Welcher Humanismus ist gemeint?

Es gibt geistesgeschichtlich gesehen im wesentlichen zwei verschiedene Erscheinungsformen des Humanismus:

1. den christlichen,
2. den aufklärerischen.

Diesen aufklärerischen gibt es wiederum in zwei Varianten: einer liberal-bürgerlichen und einer marxistischen.

Zwar wollen beide Haupterscheinungsweisen – der christliche und der aufklärerische Humanismus – echte Menschlichkeit und Humanität. Aber beide sehen den Menschen verschieden. Der *christliche* Humanismus sieht den Menschen *nüchtern,* d. h. in seiner gottbewirkten Größe, aber auch in seinem sündhaften, ichverkrampften, egozentrischen Elend. Der *aufklärerische* Humanismus sieht den Menschen durch eine rosarote Brille. Eine seiner Überzeugungen lautet: Der Mensch ist gut. Er ist frei und autonom, er bestimmt selbst, was gut und böse, was falsch und richtig ist. Darum müssen Mensch und Gesellschaft befreit werden von religiösen Prinzipien. Denn die sind heteronom = fremdbestimmt, besonders von der Kirche.

Wohin diese vom christlichen Glauben losgelösten humanistischen Bestrebungen geführt haben, sehen wir letztlich im Anarchismus unserer Tage. Die Sozialdemokratie sollte also ihr Bekenntnis zum

Humanismus mit der nüchternen Sicht vom Menschen verbinden, wie das Evangelium sie hat. An einem richtigen oder falschen Menschenbild, also an einer christlichen oder säkularisierten Anthropologie hängt Entscheidendes. Wer meint, der Mensch sei gut, nur die Verhältnisse hätten ihn verdorben, läßt sich zu einem geistigen Kurzschluß verleiten. Er lautet: Verändere die Verhältnisse, dann verändert sich auch der Mensch. Richtig ist: Verändere den Menschen, dann verändert er die Verhältnisse. Wer meint, der Mensch sei gut, der bedenke die Zeile »Der Mensch ist gut und lechzt nach Blut.«

Der falsche, der säkularisierte Humanismus setzt alles auf *Gesellschafts*veränderung. *Gesellschaft und Staat bekommen einen Höchstwert.* Ja, die Gesellschaft hat einen Heilswert. Alles wird von der Gesellschaftsveränderung erwartet. In den sozialistischen Staaten des Ostblocks sehen wir, wohin das geführt hat: Der Staat ist alles, der einzelne Mensch ist nichts. Bei solch einer Allstaatlichkeit und Gesellschaftsvergötzung gehen die Menschenrechte verloren. Darum ist die Lehre des rationalistischen, liberalistischen Humanismus verhängnisvoll falsch, weil sie nur die Gesellschaftsstrukturen verändern will. Wer die Welt verändern will, verändere sich zuerst selbst.

Was aber heißt nun: der Mensch muß sich ändern? Antwort: Er muß sich von der Autonomie abwenden, von der Verfallenheit an sich selbst. Von der rosaroten Verharmlosung und der Illusion über sich selbst. Das ist das eine. Und das andere:

Der Mensch muß sich Gott, seinem Schöpfer und Erlöser zuwenden. Und dann unter Gottes Führung und mit seinem Wort im Herzen sich hineinbegeben in die Herausforderungen unserer Zeit – zur Ehre Gottes und zum Wohl der Menschen. Das ist christlicher Humanismus.

Solch ein Verständnis von Humanismus wünschen wir der Sozialdemokratischen Partei, wünschen wir allen Parteien, wünschen wir auch dem kommenden Europa und seinem Parlament. Christlicher Humanismus gepaart mit christlicher Soziallehre werden sich als die geeigneten Architekten beim Bau unserer Gesellschaft und Europas erweisen. Die Aufgabe ist uns gestellt. Logenplätze gibt es nicht. Jeder ist gefordert.

Was der Schweizer Reformator Ulrich *Zwingli* seinen Eidgenossen zurief, gilt erst recht in unseren Tagen schicksalshafter, letzter Herausforderung:

»Tut um Gottes Willen etwas Tapferes.«

8. KAPITEL

Jesus Christus – das große Angebot

Auf den bisherigen Seiten dieses Buches haben wir auf die direkte Bezeugung des Evangeliums weithin verzichtet. Wir wollten argumentieren, nicht evangelisieren. Es ging um die Sachproblematik.

Aber es wäre eine Illusion zu meinen, die Sache hätte mit Jesus Christus und seinem Evangelium nichts zu tun. Das Gegenteil ist der Fall.

In bezug auf Jesus Christus und sein Evangelium wollen wir im Zusammenhang mit dem Thema dieser Arbeit ein vierfaches verdeutlichen.

1. In Jesus Christus haben wir das Urbild wahren Menschentums

Im Grunde genommen wissen wir das. Wir alle sind davon überzeugt: In dem Maße, wie wir uns an Jesus Christus orientieren würden, sähe es anders unter uns aus. Dann ginge ein befreiendes Aufatmen durch die Völker. Dann könnten wir aufeinander zugehen. Jesus Christus begegnet den Menschen immer positiv. Bei ihm zählt nicht die Vergangenheit eines Menschen. Bei Christus zählt das Jetzt, d. h. die Begegnung mit ihm. Entscheidend ist dann, was wir daraus machen. Und bei Jesus zählt die Zukunft, die durch die Begegnung mit ihm geprägt werden kann – oder bei der wir uns von ihm zu unserem eigenen Schaden abwenden können.

Bei Jesus Christus zählen auch nicht Rasse, Klasse und Religion. Das verdeutlicht die Begegnung mit der Frau am Jakobsbrunnen. Sie war eine Samariterin. Für Juden hieß das: keine Gemeinschaft. Juden gingen nicht durch ihr Land, nahmen von ihnen keine Scheibe Brot und keinen Schluck Wasser. Anders Jesus Christus. »Gib mir zu trinken«, bittet Jesus diese völkisch und religiös Ausgestoßene. In Jesus Christus sind alle Trennungen aufgehoben. Auf unser Thema heute bezogen heißt das:

2. In Jesus Christus sind alle Gegensätze überbrückt

Da gilt nicht Kapitalist und Proletarier, nicht Schwarzer und Weißer, nicht Asiate, Amerikaner oder Europäer. Sie sind alle eins in Christus.

Warum bestimmt Christus dann nicht unser Handeln?

Weil die Realitäten stärker sind? Da liegt ja der Irrtum! Gerade die Realitäten mit ihren Ängsten und Ausweglosigkeiten, mit ihrem himmelschreienden Unrecht, mit Rüstungswahnsinn, mit Ehenöten und Begegnungsschwierigkeiten –
gerade der so schmerzhafte Verlust an Sinn des Lebens,
gerade die Berge von Schuld und Versagen,
gerade all dies macht es ja um so erforderlicher, auf den zuzugehen, der gesagt hat: »Kommet her zu mir alle, die ihr mühselig und beladen seid.«

Jesus Christus und sein Evangelium erweisen sich

1. als menschengerecht, d. h. er wird dem Menschen in seinem Menschsein gerecht,

2. als sachgerecht, d. h. er wird der betreffenden Sache gerecht, um die es geht: z. B. der Ehe, der Familie, der Erziehung, der Wirtschaft, dem Recht, der sozialen Frage.

3. Jesus Christus und sein Evangelium erweisen sich als überzeugend – auch für Konservative, Liberale, Sozialisten, Marxisten und Kommunisten. Wenn wir uns nur gründlicher mit ihm beschäftigen würden und ihn ausleben wollten!

4. Jesus Christus erweist sich als annehmbar, also als der, den wir verpflichtend in die Mitte unseres Lebens nehmen sollten.

Ich wüßte keinen zu nennen, bei dem die Sache der sozialen Gerechtigkeit besser aufgehoben wäre als bei Jesus Christus.

Das bezieht sich aber nicht nur auf sein beispielhaftes und normgebendes *Verhalten*, sondern auch auf seine *Erkenntnis*. Wir brauchen nur an seinen ethischen Grundsatz zu denken: *»Alles, was ihr wollt, das euch die Leute tun sollen, das tut ihr ihnen.«* Allein diese goldene Regel ernst genommen, würde zu einer sittlichen Revolution führen. Andererseits ist Christus sehr nüchtern. Er möchte uns vor den Utopien einer paradiesähnlichen sozialen Vollkommenheitsträumerei bewahren. Darum sagt er voraus: »Arme habt ihr allezeit bei euch.« Dahinter steht die realistische Einschätzung vom Verhalten der Menschen im Sozialgefüge.

3. Jesus Christus ist das Urbild wahren Menschentums, weil er aus der Dimension der Ewigkeit kommt

Darum **verkündigt** er nicht nur Wahrheit*en*, sondern darum **ist** er *die* Wahrheit in Person: *»Ich bin* die Wahrheit.« Von seiner Gottheit her leitet sich sein Anspruch ab, die helfende Orientierungsmitte für alle Menschen zu sein. Aber weil er wahrer Gott und wahrer Mensch ist, ist er auch der Welt Heiland und Erlöser. Schiller sagt: »Der Übel größtes ist die Schuld.« Wir müssen begreifen: Die soziale Frage ist im Zentrum eine religiöse Frage. In die Tiefe dringen wir erst dann, wenn wir soziale Ungerechtigkeit gegenüber Menschen, Klassen und Rassen als Sünde gegenüber Gott und seinem Geschöpf begreifen.

Auch wegen der himmelschreienden sozialen Sünden starb Christus am Kreuz. Wer zu dem Erlöser Christus in der Haltung nicht des selbstgerechten Pharisäers, sondern des bußfertigen Zöllners kommt, kann als sein Nachfolger in der Kraft der Vergebung und im Geiste Jesu Christi ein Stück von seiner Liebe ausleben.

4. Weil Jesus Christus Sinn und Ziel der Geschichte ist, gehört ihm die Zukunft

Wir müssen Marxisten, Kommunisten und Utopisten, aber auch Terroristen besser verstehen, als sie sich selbst verstehen. Sie alle wünschen sich eine heile Welt. *Sie wissen aber nicht, daß wir mit unerlösten Menschen keine erlösten Verhältnisse schaffen werden.* Gerade sie selbst sind dafür ein Beispiel. Sie wollten Abbau von Herrschaft, Absterben des Staates und Verwirklichung einer nicht entfremdeten Existenz. Gerade sie aber stabilisieren, was sie zu überwinden hofften: Herrschaft, immer mehr Staat und Kollektivvermassung. Darum gehört ihnen nicht die Zukunft. Sie darf ihnen nicht gehören. Es wäre schrecklich!

Als Christen wissen wir im Vertrauen auf Christus, daß er wahr machen wird, was er verheißen hat:

»Siehe, ich mache alles neu.«

Die Sehnsucht der Menschen geht durch die Jahrhunderte nach dem goldenen Tag, an dem endlich »Gerechtigkeit und Friede einander küssen«, wie es die Heilige Schrift ausdrückt.

In Jesus Christus erfüllt sich die Ursehnsucht der Menschheit.

So gewiß Jesus Christus Wirklichkeit ist, so gewiß wird sein Wort wahr: »Ich mache alles neu.«

Bis dahin wollen wir Hand anlegen, miteinander im Gespräch bleiben und einander achten. Christus ist zu groß, als daß er nur den Christen gehören könnte und wollte. »Gehet hin in alle Welt und predigt das Evangelium aller Kreatur«, gebietet er seinen Nachfolgern. Er gebietet aber auch: »Handelt, bis ich komme.« So sind wir zu Wort und Tat gerufen. Auch wenn es in dieser Welt darum geht, soziale Gerechtigkeit zu verwirklichen, soweit es immer möglich ist.

Große Aufgaben erfordern große Synthesen. Die weltweiten Bedrohungen fordern uns heraus. Sie gebieten allen Demokraten ein Miteinander. Je edler die Absicht, um so wertvoller unser Tun. Wo immer Christen stehen, wollen und sollen sie helfen und dienen – Gott zur Ehre und den Menschen zum Heil und Wohl.

Geschichtlicher Rückblick

Wir möchten mit dem Rückblick noch die Möglichkeit geben, die *Problematik »Christentum und Sozialismus« in ihrem historischen Umfeld* zu sehen. Gleichzeitig soll dadurch deutlich werden, daß die Arbeiterbewegung nicht nur unter sozialistischen Vorzeichen gesehen werden darf, sondern daß es neben der sozialistischen auch eine *christlich* geprägte Arbeiterbewegung durch Jahrzehnte hindurch gegeben hat. Auch die Frage nach der Vereinbarkeit von

Christentum und Sozialismus hat die Gemüter jahrzehntelang bewegt.

Gehen wir bei unserem geschichtlichen Rückblick von unseren Jahren aus in die Vergangenheit zurück.

Pioniere der Vereinbarkeit von Christentum und Sozialismus

Schon nach dem Ersten Weltkrieg gab es den »Bund religiöser Sozialisten«. Die religiösen Sozialisten bekannten sich nicht nur zu einem Sozialismus allgemeiner Art, sondern zum *marxistischen* Sozialismus. Sie schrieben:

> »Es gibt nur einen echten deutschen Sozialismus, und das ist der Marxismus. Alles, was sich sonst Sozialismus nennt, ist Halbheit und Schwindel« (Der Glaube der religiösen Sozialisten, S. 218).

Aber schon damals trat dieser ausschließlich *marxistischen* Auffassung des Sozialismus ein Mann entgegen, der nicht weniger für die Anliegen der Arbeiterschaft eintrat:

Günther Dehn

Günther Dehn ist zwar mehr ein *Pionier der Vermittlung* zwischen Christentum und Sozialismus als ein Verfechter der Vereinbarkeit. In den Jahren vor und nach dem Ersten Weltkrieg war er Pastor in Berlin-Moabit. In bezug auf die Gründung des »Bundes religiöser Sozialisten« schrieb er: »Mir wurde sofort klar (1919), daß man damit den Sozialismus zu einem religiösen Phänomen erhob und so den Ideologien des Marxismus Tor und Tür öffnete« (G. Dehn, Die alte Zeit – die vorigen Jahre, S. 216). In seiner sehr lesenswerten Selbstbiographie »Die alte Zeit – die vorigen Jahre« berichtet er auf vielen Seiten von seinem ernsten Bemühen um die Arbeiterschaft:

> »Ich war von Anfang an in meiner Arbeit nur von dem einen Gedanken erfüllt gewesen: Wie kann man Kirche und Arbeiterschaft in eine positive Verbindung miteinander bringen« (a. a. O., S. 164).

Es ging dem aus dem Bürgertum stammenden Theologen um »eine

vom Evangelium her geforderte Solidarität mit dem kirchenfremden . . . Proletariat« (a. a. O., S. 164). Später, nach dem Zweiten Weltkrieg, habe ich bei ihm studiert, als er Theologieprofessor an der Universität Bonn war. Von dorther weiß ich aus eigener Erfahrung, mit welch großer Lauterkeit sein Herz für diese Solidarität schlug. In seiner Lebensbeschreibung berichtet er aus seiner Berliner Zeit von einem der vielen Vorträge, die er im Dienst seiner so großen Bemühung gehalten hatte. Zu den Hörern – besonders den Arbeitern – sagte er, die Verbindung von Thron und Altar sei gelöst (durch die Revolution 1918). Der Weg zur Kirche stünde jetzt allen Menschen offen, auch den Sozialdemokraten. Der Sozialismus suche ja wie das Christentum Gemeinschaft unter den Menschen herzustellen. Vielmehr könne man sagen, daß der *Kapitalismus zum Christentum im Gegensatz* stehe (a. a. O., S. 213f.). Getrieben von dem Gedanken zumindest der Vermittlung zwischen Christentum und Sozialismus gründete er den *»Bund sozialistischer Kirchenfreunde«*. Er meint, die angenommene Bezeichnung »war theologisch einigermaßen haltbar«. Denn damit wurde der Sozialismus durchaus nicht als eine religiöse Potenz (Möglichkeit) gewertet, sondern ganz profan verstanden. »Wir wollten nichts anderes, als den Sozialisten Heimatrecht in der Kirche verschaffen . . . Sozialdemokraten in die kirchlichen Körperschaften zu bringen, das sah nach einer Politisierung der Kirche aus, war es aber nur scheinbar.« Wie anklagend, wie inhaltsschwer und geschichtsbefrachtet ist der Satz, den er folgen ließ: »Die Kirche war ja längst politisiert . . .« (a. a. O., S. 215). Er meint damit die Haltung, die mit dem Thron-Altar-Bündnis gegeben war und fortwirkte. Er muß schmerzlich feststellen, daß es als Folge dieses Bündnisses »eigentlich gar keine sozialistischen Kirchenfreunde gab« (a. a. O., S. 216). Sie waren von der Kirche enttäuscht. Günther Dehn lag aber daran, daß »eine etwaige positive Beziehung des evangelischen Menschen zum Sozialismus . . . zustande kommen« möchte, und zwar dann, »wenn sich ergibt, daß das Eintreten für den Sozialismus Erfüllung konkreter, christlicher Liebespflicht ist, an der vorüberzugehen den Christen nicht gestattet sein kann« (G. Dehn, Der evangelische Mensch und der Sozialismus, S. 355 in: Neue Blätter für den Sozialismus, Jahrgang 1930/8). Dehn begründet also sein »Eintreten für den Sozialismus« theologisch mit der christlichen Liebespflicht.

Längst bevor es den »religiösen Sozialismus« und den »christlichen Sozialismus« gab, der aus dem Lager des evangelischen Flügels der christlichen Gewerkschaft erwachsen ist, auch schon vor Günther Dehn und Karl Barth hatten sich bereits andere Männer für die Arbeiterschaft und die Sache des Sozialismus eingesetzt. Nennen wir jetzt drei bedeutende Namen:

Christoph Blumhardt (1842–1919),
Hermann Kutter (1863–1931),
Leonhard Ragaz (1868–1945)

Christoph Blumhardt

Christoph Blumhardt ist ein Schwabe. Man nennt ihn auch Blumhardt den Jüngeren im Unterschied zu seinem Vater Johann Christoph Blumhardt dem Älteren aus Möttlingen (später Bad Boll). Der Sohn war erfüllt von dem Gedanken des Reiches Gottes und der Liebe Gottes zur ganzen Welt und allen Menschen. Darum sagt er: »Das Reich Gottes ist eine Weltensache, eine Kreaturensache.« Weil Blumhardt das Evangelium in großen Zügen sieht, verkündet er dementsprechend eine *»große Erlösung«*. Sie bezieht sich nicht nur darauf, »selig zu sterben«. Die Erlösung ist Ausfluß der Liebe des dreieinigen Gottes, die alle Menschen umfaßt. Blumhardt greift das offizielle kirchliche Christentum an, weil es mit dem Staat und der Herrschaft Hand in Hand gehe, sich aber von den Armen und Bedrängten abwende. Gerade denen aber gelte es zu verkündigen, daß »Jesus der Trotz gegen Sünde, Armut und Elend« sei.

Als es zur sogenannten »Zuchthausvorlage« kommt, schließt er sich 1899 der Sozialdemokratie an. *Die Zuchthausvorlage enthielt einen Gesetzesvorschlag, nach dem schon die bloße Aufforderung zur Arbeitseinstellung, also zum Streik, mit Zuchthaus bestraft werden sollte.* Blumhardt wird in den Landtag gewählt. Durch die Kirche wird Pfarrer Blumhardt aufgefordert, den Titel und Rang eines Pfarrers abzulegen. Er tut das, um sich so in größerer Freiheit für Arbeiterschaft und soziale Gerechtigkeit einzusetzen. Er ist getrieben von dem Gedanken: »Ihr Menschen seid Gottes!« Die Sache Gottes müsse fortschrittlich verstanden werden. »Redet nicht von Jesus – seid es!« Damit will Blumhardt die Tat betonen. Gleichwohl verkündigt er »eine Liebe, die auch die Feinde liebt, eine Liebe, die niemand und nichts verwirft . . . Es muß alles geliebt werden«.

Und das heißt für ihn: Wir müssen besonders den in Recht und Menschenwürde stark zurückgesetzten Arbeiter lieben und für seine Sache streiten.

Nach siebenjähriger Parlamentstätigkeit läßt er sich nicht wiederwählen. Er ist enttäuscht und meint, die Politik sei für die Sache des Reiches Gottes ungeeignet. Gleichwohl streitet er – wenn auch nicht mehr parlamentarisch – gegen die bestehende unsoziale »Herrenmoral und -politik«, gegen den ausbeuterischen »Industrie- und Militärgeist«, bei dem in gewissen Gesellschaftskreisen der Mensch erst beim Offizier beginnt.

Frage: Worin mag die Enttäuschung Blumhardts ihren Grund haben? Ich möchte meinen: in seiner zu hoch gespannten Erwartung. Blumhardt hatte einen »Glauben an die Menschheit«. Er meinte, Gottes Ziel sei ein »erdisches, bei dem es sich darum handelt, daß auf Erden die Zustände gerecht und gut werden«. Als ich in Bad Boll mit seiner Tochter ein Gespräch über ihren Vater führte, hat sie mir nicht nur bestätigt, wie ihr Vater mit dem Problem Christentum und Sozialismus gerungen, sondern wie sehr er unter der sozialen Ungerechtigkeit gegenüber der Arbeiterschaft gelitten habe. Nach dem Gespräch besuchte ich den Friedhof und stand am Grab von Vater und Sohn. Ich mußte denken: Wie sehr war doch Christoph Blumhardt seiner Zeit voraus. Welch einen hellwachen und kritischen Geist hatte er doch!

Das gilt auch für den anderen Pionier in der religiös-sozialen Bewegung:

Hermann Kutter

Dieser Schweizer Pfarrer am Großmünster in Zürich war ein prophetischer und vulkanischer Mensch. Karl Barth bekam von Kutter wichtige Impulse. Er bezeugt: »Bei Kutter lernte ich schlicht, das große Wort ›Gott‹ wieder ernst, verantwortlich und gewichtig in den Mund zu nehmen« (K. Barth, zitiert bei E. Busch, a. a. O., S. 88). Gleichzeitig »bewunderte« Barth »seine staunenswerte Intelligenz und geistige Arbeitskraft, mit denen er über Schützengräben und Granattrichter feuerspeiend hinwegpoltert« (a. a. O., S. 88). Noch heute spürt man den heißen Atem, mit dem er seine Bücher geschrieben und die uns im Druck vorliegenden Predigten gehalten hat. Wir lesen z. B. bei ihm:

»Schlage die Augen auf: Was sie erblicken, ist das Unrecht . . . Wandle durch die Stätten alle, die sich die Menschen zum Wohnsitz erwählt: Aus allen Ecken schaut dich das Unrecht an. Für das Unrecht werden wir geboren, für das Unrecht wachsen und erstarken wir . . .

Das Leben – eine Torheit, ein Jammertal? Nein, ein einziges Unrecht . . . Sage Liebe, sage Glauben, und du sprichst vom Unrecht . . . Hier die stumpfsinnige Überanstrengung eines Mannes an eiserner Maschine – ein Unrecht, das auf Millionen dumpf, empfindungslos, unerforschlich lastet; da das breite Lächeln auf den Lippen eines andern – ein Unrecht, doppelt groß, weil es auf jenem ersten sich aufbaut. Die Freuden des Reichen sind Unrecht. Seine edelsten Vermögen, seine Barmherzigkeit und seine Almosen sind Unrecht, solang es noch einen Mitmenschen gibt, der neben ihm seufzt. Ganze Massen versinken, und ein einzelner steigt über ihrem Grabe empor. Für tausend unsterbliche Seelen gilt der Sammelname Proletariat, während eines einzigen Name um des Geldes willen abgöttische Verehrung genießt. Der Schlaueste immer und der Geriebenste hat nur Recht. Unsere Gesetze verhindern es nicht, daß ihm von einer gewissen Geldhöhe an ungezählte Mitmenschen bedingungslos ausgeliefert sind.« Dann kommt er auf den Industriellen Rockefeller zu sprechen und sagt: »Man nehme einen Rockefeller . . . Große Teile des wirtschaftlichen Lebens hält dieser Mann in seiner eisernen Faust, nachdem er über tausend vernichtete Existenzen sicher und skrupellos emporgestiegen. Immer mehr ziehen sich die Maschen seines Netzes um die Selbständigkeit der anderen zusammen, mit der Konsequenz eines Naturgesetzes wird unsere gerühmte Kultur seinem Mammonzepter untertan.« Und jetzt gibt Kutter seinem Angriff den eigentlichen Schwerpunkt und seine wohlgezielte Richtung, wenn er fortfährt: »Während er (Rockefeller) andächtig versunken vor dem Bilde des Gekreuzigten in seiner Baptistenkapelle die Erlösung von aller Habsucht bei sich besorgt, sind seine Agenten am Werke, der Habsucht ein wirtschaftliches Gebiet, ein verzweifeltes Menschenglück nach dem anderen zu unterwerfen. Das ist Unrecht« (H. Kutter, Gerechtigkeit, S. 4–6).

Wie H. Kutter zu den Sozialdemokraten seiner Tage steht, wird schon in den zwei Worten seines Buches erkennbar: »Sie müssen«.

In den Sozialisten seiner Tage sieht er die Vollstrecker des Willens Gottes. Die Sozialdemokratie ist nach Gottes Willen dazu auserwählt, die bisher verschlossenen Tore zum Land sozialer Gerechtigkeit aufzustoßen. Er schreibt: »Sie können nicht anders: Sie müssen« (a. a. O., S. 54). »Es regt und bewegt sich in den Massen. Es glüht und lodert in der Tiefe. Die Niedrigen erheben sich aus dem Staube, Flammen brechen hervor, die Hohen erzittern auf ihren Stühlen – sollte das ohne Gott geschehen und doch so sehr übereinstimmen mit seinem Worte? Ihr glaubet, Gottes Hand in dieser Bewegung darum nicht erkennen zu dürfen, weil sie sich von euerm Bekenntnis losgesagt hat . . . aber was bekümmert sich der Höchste um euer Christentum, um eure – ›Liebe zu König und Vaterland‹, so lange ihr hinter diesen Dingen nur eure Ohnmacht verberget? Ja, Gott redet heute, Gott wirkt Wunder, aber anders, als eure überlieferten christlichen Formeln . . . Ist er nur der Christen Gott? Auch der Sozialdemokraten. Er gibt seinen Geist, wem er will« (a. a. O., S. 54). Da haben wir es also ganz klar. Die Sozialdemokraten müssen, weil der Allmächtige es will. Kutter gerät förmlich in eine Leidenschaft, wenn er von dem Müssen der Sozialdemokratie schreibt. »Heute müssen die Sozialdemokraten. Sie tragen ein großes, unwiderstehliches Müssen in sich« (a. a. O., S. 28). »Müssen sie nicht sagen, daß die Unterschiede zwischen den Menschen aufzuhören haben, müssen sie nicht fordern, daß die Menschheit eine große Einheit bilde, wenn es der Mammon ist, der sie in tausend Stücke zerspaltet? Müssen sie nicht verlangen, daß die Schranken der Nationen dahinfallen . . .? Müssen sie nicht weissagen von einem neuen Zeitalter, wenn die bisherigen lediglich ein Gebilde des Mammons sind? Und müssen sie nicht als Schwärmer, Phantasten, Fanatiker verlacht und verachtet werden, wenn auch diese Verachtung nichts anderes ist als die Hochachtung, die ein morsches Geschlecht dem Mammon spendet?« (a. a. O., S. 30).

H. Kutter stellt fest, daß er solch eine »große, reine Begeisterung für eine hohe Sache . . . nirgends sonst angetroffen hat« (a. a. O., S. 28). Denn die anderen Parteien »sind alle angekränkelt von des Mammons Freundschaft. Nur die Sozialdemokratie steht ihm als ehrlicher Feind gegenüber.« Sie ist eine von Gott berufene Avantgarde. Darum lodern »diese Feuerflammen in den Reihen der Sozialdemokratie . . . Feuer, Kraft und Geist besitzt diese junge Partei so sehr, daß Menschen aus allen Klassen sehnsüchtig nach ihren Erfolgen auszuschauen anfangen« (a. a. O., S. 27). Kutter weiß allerdings auch, daß die Sozialdemokratie abgelehnt wird: »Man hört an allen Ecken über sie schimpfen und fluchen. Ihr Schrecken wird heute noch blutig rot einer satten und entnervten Gesellschaft vor Augen gemalt; sie sind im Munde derer, die sie hassen, der Inbegriff alles Schlechten.« Aber das kümmert sie wenig. Denn »sie tragen eine wunderbare Hoffnung im Herzen . . . Man lächelt über sie – sie tragen es. Man schilt über sie – sie bleiben unbeirrt. Man verspottet sie – sie erwarten nichts anderes. Sie wissen, daß die gegenwärtige Welt keinen Raum für sie hat, darum bereiten sie der zukünftigen die Stätte« (a. a. O., S. 28f.). Was ist das für eine Sache, für die die Sozialdemokratie wie eine Getriebene streitet? Kutter schreibt: »Sie weiß es im Grunde selbst nicht. Ja, sie weiß es nicht. Und das gerade ist ihr Vorzug vor allen anderen Parteien. Sie alle wissen so gut, was sie wollen.« Die Sozialdemokraten wissen es also im Grunde genommen nicht, sie wissen nur, daß sie müssen. »Wohin es führt, das wissen sie nicht. Sie brauchen es nicht zu wissen, ein anderer weiß es« (a. a. O., S. 28).

Und die Kirche?

Mit ihr geht der Prediger hart ins Gericht. Die Kirche hat kein »Müssen«. »Daß du (Kirche) im Dorngestrüpp der sozialen Fragen und Frägelchen steckengeblieben bist, das beweist, daß du dich dieses Rechtes wirklich verlustig gemacht hast. Du hast kein Müssen – keinen Gott . . . Hast du kein Müssen dem der Sozialdemokratie anzubieten, dann hast du das Recht verwirkt, ihnen entgegenzutreten« (a. a. O., S. 28).

Man sollte nun meinen, H. Kutter würde auch Mitglied der sozialdemokratischen Partei gewesen sein. Das war er aber nicht. Kutter eiferte um Gott. Die Sozialdemokratie war ein Zeichen des

Zornes Gottes über das Versagen der verbürgerlichten Kirche. Gott habe sich von der Kirche abgewandt, um nun seinen Geschichtswillen durch die Sozialdemokratie zu tun. Denn die Sozialdemokratie tue trotz ihres Atheismus die Werke, die die Kirche hätte tun sollen: sie streite für Gerechtigkeit.

Der Dritte, den wir nennen möchten, ist ebenfalls ein Schweizer:

Leonhard Ragaz

Der Unterschied zu H. Kutter bestand darin: Kutter sah im Sozialismus zwar Gottes Wirken, aber als Zuchtrute gegen eine verbürgerlichte Kirche und die kapitalistische Gesellschaft. Kutter war kein Mitglied der sozialdemokratischen Partei. Ragaz hingegen war es bewußt. Bewußt trat er für eine Synthese von Christentum und Sozialismus ein. Kutter hatte eine Verkündigung von unerhörter Eindringlichkeit; Ragaz aber hatte ein Programm. Ragaz schreibt: »Wir sind zur Sozialdemokratie gegangen, weil wir darin etwas vom Gottesreich zu sehen glaubten . . . Wir sahen in der Bewegung etwas vom Aufbrechen der Wahrheit Christi. Denn hier tauchte ja . . . die ganze Welt des Gottesreiches auf, an Stelle der Räuberwelt eine Welt der Solidarität . . . an Stelle des Mammons der Mensch, an Stelle der Macht das Dienen. Kurz, es stieg aus tiefer Not des Leibes und der Seele leuchtend eine Welt der Erlösung auf, und es war ja im wesentlichen die Erlösung des Gottesreiches.« Die Synthese geht also bis ins Theologische.

Leonhard Ragaz wurde der eigentliche Begründer des religiösen Sozialismus. In einer Pfingstrede sagt er:

> »Wir wollen Politik und Gottesreich verbinden. Wir sind Sozialisten, und nicht nur das, Sozialdemokraten; aber wir möchten zugleich, ja gerade damit auch Jünger Christi sein . . . Denn wir wollen nicht herrschen, sondern dienen. Wir lehnen die Gewalt als Mittel zum Aufbau einer neuen Welt ab. Das Reich Gottes kann nur auf Freiheit und Liebe gebaut werden . . . Das ist das Reich, dem wir dienen, und das ist unsere Politik. Zu diesem Reich gehört für uns der Sozialismus . . . Dieser Sozialismus des Reiches Gottes führt uns an die Seite des Proletariats, zu dem auch die Prophe-

ten und Christus gestanden sind. Er macht uns zu Proletariern, wie er Christus zu einem Proletarier gemacht hat.

Wir glauben, mit anderen Worten, nicht nur an die individuelle Erlösung, nicht nur an die Erlösung der Seele, sondern auch an die Erlösung der Welt« (L. Ragaz, Politik und Gottesreich, S. 5 u. 25f.).

Hinter all diesem spürt man den heißen Atem des Engagements.

Wie die heutigen Bejaher der Vereinbarkeit von Christentum und Sozialismus ihre Väter haben, so auch diejenigen, die über diese Frage anders denken. Vergegenwärtigen wir uns die bedeutendsten

Pioniere der Nichtvereinbarkeit von Christentum und Sozialismus

Friedrich Naumann (1860–1919)

Mehrere Jahre ist er Oberhelfer im Rauhen Haus in Hamburg gewesen. Diese Tätigkeit stellt ihn vor politische und soziale Fragen. Dabei erkennt er in der Inneren Mission ein geeignetes Instrument, neue und bessere soziale Verhältnisse zu gestalten. Aber Naumann erkennt auch sehr richtig, daß christlicher Dienst sich nicht damit begnügen darf, nur den Opfern schlechter sozialer Verhältnisse nachzugehen, wie er dies z. B. im Rauhen Haus in dankenswerter Weise erlebte, sondern er kam zu dem Entschluß, auf die soziale Entwicklung selbst Einfluß nehmen zu wollen. Das führte ihn dazu, sich mit den Fragen der Arbeiterschaft und der Sozialdemokratie zu beschäftigen. Die *antichristliche* Einstellung der damaligen Sozialdemokratie hinderte ihn aber, sich ihr anzuschließen. Denn er war Christ. Darum bringt er die soziale Frage in Verbindung mit der Christusfrage. So schreibt er z. B. das Buch »Jesus als Volksmann«. Darin heißt es: *»Wenn einmal Jesus wieder verstanden wird . . . dann wird die große innerliche Erneuerung des Volkes kommen, ohne welche alle soziale Reform nur tote Außenarbeit ist . . . Glaubt ihr, Jesus wäre ruhig gewesen, wenn er gehört hätte, daß Tausende von Schulkindern kein Mittagsbrot haben? Wer die Armen verachtet, verachtet Jesus«*, ruft er allzu richtig 1894 aus. (F. Naumann, Jesus als Volksmann, in der von ihm herausgegebenen

Göttinger Arbeiterbibliothek, Band I, 1894.) Obwohl Naumann einige Jahre im Rauhen Haus war, in dem ein reformatorisch-pietistischer Geist herrschte, entwickelte er sich doch leider zunehmend zur liberalen Theologie hin. So entstand bei ihm ein »sozialer Jesus«. Friedrich Naumann war der irrigen Auffassung, ein Jesus als Freund der Armen und Feind des Mammons könnte bei der Arbeiterschaft besseren Eingang finden als Jesus, der ewige Gottessohn und Erlöser. Abgesehen davon, daß solche Zweckmäßigkeitsüberlegungen unangebracht sind, gehört doch beides zusammen: Jesus, der auf der Seite der Entrechteten steht (». . . den Armen wird das Evangelium gepredigt«, sagt er), und Jesus, der Welterlöser (»Siehe, das ist Gottes Lamm, das der Welt Sünde trägt«).

Eine andere Schrift erscheint mit dem Titel: »Was heißt christlich-sozial?« Naumann baut die vorhandenen Ansätze der Evangelischen Arbeitervereine aus. Es entsteht eine junge christlich-soziale Bewegung. 1896 bildet sich der *National-soziale Verein.* Denn es widerstrebt Naumann, sein soziales Anliegen in einem antichristlichen und atheistischen Sozialismus unterzubringen. Ja, er versucht sogar, eine eigene Partei zu gründen. Aber der Versuch scheitert. So schließt er sich dem »linken« Liberalismus an.

Seine soziale Einstellung ist stark vom christlichen Liebesverständnis geprägt: *»Die Liebe im größten Stil ist und bleibt das barmherzige Staatsgesetz.«* Friedrich Naumann wird beispielhaft für eine Auseinandersetzung mit den sozialen und politischen Verhältnissen um die Jahrhundertwende. Diese edle Gestalt hat auf Theodor Heuß, den späteren ersten Präsidenten der Bundesrepublik Deutschland, starken Einfluß ausgeübt. Friedrich Naumann selbst war seinerseits stark beeinflußt von

Adolf Stoecker (1835–1909)

Auch er ist ein Beispiel dafür, wie jemand die soziale Frage sehr wohl erkannt hat, ihr aber keine sozialistische Antwort gibt. Die Unvereinbarkeit von Christentum und Sozialismus kam zum Beispiel bei ihm dadurch zum Ausdruck, daß er 1878 die »Christlich-soziale (ursprünglich Arbeiter-) Partei« gründete. A. Stoecker hat sich in entschlossener Weise in das Ringen um die Arbeiterschaft eingeschaltet. Er versuchte, die Arbeiterschaft dem Einfluß der Sozialdemokratie zu entziehen und sie für das unverkürzte Evangelium, aber auch für den nationalen Gedanken und die Monarchie zu gewinnen. Geradezu berühmt für seinen Einsatz ist die »**Eiskellerrede**«, d. h. er ging in den Saal des Eiskellers in Berlin (3. 1. 1878). Dort rang er mit den Arbeitern. Er versuchte, sie von der Notwendigkeit einer christlich-sozialen Arbeiterpartei zu überzeugen. In den überfüllten Saal rief er den Arbeitnehmern zu: »Wenn Ihre Agitatoren behaupten, daß wir es nicht ehrlich mit Ihnen meinen, so lügen sie . . . Meine Herren, ich stamme aus Ihren Kreisen . . . Sie sind mit dem jetzigen Wirtschaftssystem nicht zufrieden. Ich auch nicht . . . Ich halte die Sicherheit der Arbeiterexistenz für das Wichtigste und Notwendigste in Ihrer Lage. Aber es sind außerdem genug Schäden zu heilen: die Frauenarbeit ist zu beschränken, die Sonntagsarbeit ist zu verbieten, es ist ein Arbeitsrecht zu schaffen, und was solche berechtigten Forderungen mehr sind« (A. Stoecker, Christlich-Soziale Reden und Aufsätze, 1890). *Aber schon in jenen Jahren war die Politisierung der Arbeiterschaft so weit fortgeschritten, daß der Großteil der Arbeiterschaft bereits zum klassenbewußten Proletariat geworden war.* Als Proletariat ging es ihr aber nicht mehr um eine bloße Sozialreform, sondern um das Sozialistische, es ging ihr nicht mehr um soziale Besserstellung in einem schwarz-weiß-roten Monarchiestaat, sondern um eine sozialistische Gesellschaftsordnung in einer eigenen Republik. Hatte A. Stoecker erklärt, es wird »eine friedliche Organisation der Arbeiter erstrebt, um in Gemeinsamkeit mit den anderen Faktoren des Staatslebens die notwendigen praktischen Reformen anzubahnen«, und hatte er als Ziel verkündet

> »die Verringerung der Kluft zwischen reich und arm und die Herbeiführung einer größeren ökonomischen Sicherheit«,

so stand dem bereits die Parole der Arbeiterschaft entgegen: »Proletarier aller Länder, vereinigt euch!«

Hinzu kommt, daß sowohl *Bismarck* als auch Kaiser *Wilhelm II.* sich gegen ihn stellten. Bismarck lehnte Stoecker als »Politiker in langen Kleidern« ab. Stoecker – obwohl von 1874 bis 1890 Hof- und Domprediger in Berlin – wollte eine *staatsfreie* Kirche. Bismarck bezeichnete ihn und seine Freunde als »evangelisches Zentrum«.

Der Kaiser leistete sich sogar am 28. 2. 1896 das berühmt-berüchtigte Telegramm: *»Christlich-sozial ist Unsinn.«* So wurde Stoecker zwischen zwei Mühlsteinen zerrieben: dem proletarisch-sozialistischen einerseits und dem monarchisch-bürgerlich-kapitalistischen andererseits. Eine echte Tragik!

Die Tragik vollendete sich dadurch, daß diese Prophetengestalt nicht nur von den Repräsentanten des Staates – Bismarck und Kaiser Wilhelm II. – abgelehnt, sondern auch von der offiziellen Amtskirche nicht verstanden wurde. *Dadurch haben Staat und Kirche eine große Chance vertan, die Weichen in die historisch erforderliche Richtung zu stellen. Die Folge: Der Entfremdungsprozeß zwischen Christentum und Arbeiterschaft nahm weiter seinen Lauf.* Die Christlich-soziale Bewegung wurde keine echte Volksbewegung.

Leider verband sich mit Stoeckers Anliegen ein gewisser Antisemitismus.

Adolf Stoecker war der geistige Schüler von

Johann Hinrich Wichern (1808–1881)

Er ist der Vater der Inneren Mission. Auch sein Herz schlägt für die Arbeiterschaft. Aber gleichzeitig leidet er unter seiner evangelischen Kirche und ruft sie zur Buße auf: ». . . eine große Buße nicht der einzelnen als solcher, sondern aller als Kirche. Diese Buße muß der Grenzstein werden zwischen der alten und der beginnenden neuen Zeit«, schreibt er (J. H. Wichern, Fliegende Blätter, in: Gesammelte Schriften, Bd. III, S. 208). Er weist der Kirche auch klar ihre Aufgabe zu: »Zu dem Neuen, woran die Kirche rüstig Hand legen muß, gehören vor allen Dingen Einrichtungen, daß den Proletariermassen direkt das Evangelium gepredigt werde . . . Suchen die Proletarier nicht mehr die Kirche, so muß die Kirche anfangen, die Proletarier zu suchen . . .« Er wird ganz praktisch und schlägt der Kirche vor: »Wir müssen Straßenprediger haben . . . warum mietet man nicht mitten unter den Armenwohnungen deren ein und zwei Parterre und macht sie durch die Predigt in denselben zu Kirchen?« (a. a. O., S. 208). Welch ein Pioniergeist tut sich darin kund, wenn er hinzufügt: »Aber es soll nicht bloß gepredigt werden.« Berühmt geworden ist sein aufrüttelnder Appell auf dem Wittenberger Kirchentag 1848. In einer Stegreifrede hatte er der Kirchenversammlung das Bild der großen sozialen, leiblichen und seelischen Not vor Augen gestellt und Einblick gegeben in die Versuche der Inneren Mission, Hilfe zu schaffen. Die Versammelten forderte er auf: »Die evangelische Kirche aber setze auf die Summa dieser Arbeit ihr Siegel und bezeuge: Die Arbeit der Inneren Mission ist mein. Die Liebe gehört mir wie der Glaube.« Die Wirkung seiner Rede war sehr groß. Abgeordnete aus allen Landeskirchen drängten sich zu ihm und sagten ihm ihre Mithilfe zu.

Gewiß, der Gedanke der Inneren Mission gelangte aus den bis dahin kleinen Kreisen zum Durchbruch. Innere Mission wurde als eine kirchliche Aufgabe erkannt und anerkannt. Aber das, was Wichern richtig mit dem Stichwort »Proletariermassen« bezeichnet hatte, war inzwischen nicht nur zu einem sozialen, sondern auch zu einem politischen Problem geworden.

Trat bei Wichern das Politische und erst recht das Parteipolitische des Sozialismus nicht voll ins Bewußtsein, so aber doch bei den katholischen Pioniergestalten. Nennen wir zwei:

Leo XIII. (Papst von 1878–1903)

Er ist einer der bedeutenden Päpste nicht nur des 19. und 20. Jahrhunderts, sondern der katholischen Kirche überhaupt. In unserem Zusammenhang ist seine Enzyklika Rerum novarum vom 15. Mai 1891 wichtig. In diesem päpstlichen Rundschreiben stellt der Papst fest:

> »Ein Grundfehler in der Behandlung der sozialen Frage ist auch der, daß man das gegenseitige Verhältnis zwischen der besitzenden und der unvermögenden, arbeitenden Klasse so darstellt, als ob zwischen ihnen von Natur (aus) ein unversöhnlicher Gegensatz Platz griffe, der sie zum Kampf aufrufe. Ganz das Gegenteil ist wahr. Die Natur hat vielmehr alles zur Eintracht, zur gegenseitigen Harmonie hingeordnet.«

Darum stellt er mit Recht fest:

> »Der Besitz ist auf die Arbeit angewiesen und die Arbeit auf den Besitz.«

An die Besitzenden gewandt, sagt er in aller Klarheit:

> »Es ist ungerecht, die Arbeiter mit mehr Arbeit zu beschweren, als ihre Kräfte tragen können . . . Es ist wider göttliches und menschliches Gesetz, Notleidende zu drücken und auszubeuten um des eigenen Vorteils willen.
>
> Dem Arbeiter den ihm gebührenden Verdienst vorzuenthalten, ist eine Sünde, die zum Himmel schreit.«

An die Arbeitgeber gewandt, fordert er: »Vor allem aber ist es Pflicht der Arbeitsherren, den Grundsatz: Jedem das Seine stets vor Augen zu behalten . . . Die Reichen dürfen endlich unter keinen Umständen die Besitzlosen in ihrem Erworbenen schädigen . . . und das um so weniger, als ihr Stand minder gegen Unrecht und Übervorteilung geschützt ist.«

Papst Leo XIII. stellt sich vor die Arbeitnehmer und schreibt: »Ihr Eigentum, weil gering, beansprucht eben deshalb um so mehr Unverletzlichkeit.« Dann stellt er die Gewissensfrage:

> »Wer wird in Abrede stellen, daß die Befolgung dieser Vorschriften allein imstande sein würde, den bestehenden Klassenkampf samt seinen Ursachen zu beseitigen?« (Aus: Die Rundschreiben Leos XIII. und Pius XI. über die Arbeiterfrage und über die gesellschaftliche Ordnung . . . Heft 1, 1946, S. 24f.). Eine Frage, die uns tief innerlichst bewegen muß.

Wilhelm Emanuel Freiherr von Ketteler (1811–1877)

Wenn wir die Fragen um Arbeiterschaft, Sozialismus und Christentum auch von ihrem geschichtlichen Werdegang her verstehen wollen, dann müssen wir auch eines Mannes gedenken, bei dem die spätere Sozialgesetzgebung schon im Entwurf vorlag: Freiherr von Ketteler, katholischer Bischof von Mainz 1850–1877.

Schon 1848 war er Abgeordneter der Frankfurter Nationalversammlung. Er war nicht nur ein Vorkämpfer für die Freiheit der Kirche und der christlichen Schule, er vertrat als Reichstagsabgeordneter im Kulturkampf nicht nur die Rechte der Kirche, sondern er erstrebte auch eine Sozialreform. Besonders dies hat ihn zu der großen historischen Persönlichkeit gemacht. Die Sozialreform forderte er vom christlichen Glauben her und in klarer Abgrenzung und Auseinandersetzung mit liberalen und sozialistischen Anschauungen. 1864 schrieb er unmißverständlich deutlich:

»Die Ursachen der bedrängten Lage der Arbeiter sowie die Bösartigkeit der aus diesen Ursachen hervorgegangenen Wirkungen und Folgen haben ihren wesentlichen und tiefsten Grund in dem Abfall vom Geiste des Christentums ... Hier kann und wird daher die Heilung nur von innen heraus erfolgen. In dem Maße, wie die göttlichen Wahrheiten des Christentums wieder die Geister erleuchten, wird man auch auf dem Gebiet der Volkswirtschaft und ... der Politik die richtigen Prinzipien ... wiederfinden« (W. E. Ketteler, Die Arbeiterfrage und das Christentum, 1864).

Damit dieses Grundsätzliche aber auch im politischen Raum zu konkreten Auswirkungen führt, entwirft Ketteler im Februar 1871 ein Programm für die Fraktion des Zentrums. Darin fordert er u. a.:

> »Gesetzlicher Schutz der Arbeiterkinder und Arbeiterfrauen gegen die Ausbeutung durch die Geldmacht.
> Schutz der Arbeiterkraft durch Gesetze über Arbeitszeit und die Sonntagsruhe.
> Gesetzlicher Schutz der Gesundheit und Sittlichkeit der Arbeiter bezüglich der Arbeitslokale (also der Fabriken).
> Anstellung von Inspektoren zur Kontrolle der zum Schutze des Arbeiterstandes erlassenen Gesetze« (aus dem »Programmentwurf für die Fraktion des Zentrums«, Februar 1871).

Jeder, der sich die Objektivität bewahrt hat, geschichtliche Tatsachen anzuerkennen und ihre Beurteilung nicht einer Parteizugehörigkeit oder einer bestimmten Ideologie zu opfern, wird zugeben, daß hier wirklich Pioniere am Werk waren, die sich die soziale Frage auf ihr Herz und Gewissen gelegt haben. Den *Beweggrund* dafür leiteten sie *nicht aus dem Sozialismus ab, sondern aus dem Evangelium.* Das Wort aus Epheser 1, 10 wurde ihnen zur Losung für ein umfassendes Kultur- und Sozialprogramm: »Instaurare omnia in Christo« = »alles zusammenzufassen in Christus«. Von dorther erstrebten sie eine Verchristlichung der menschlichen Gesellschaft. Von dorther waren sie aber auch von der Nichtvereinbarkeit von Christentum und Sozialismus überzeugt. Auf seinem Sterbebett sagte Bischof Ketteler: »Unsere Religion ist nicht wahrhaft katholisch, wenn sie nicht wahrhaft sozial ist.«

Schluß

Wir haben uns das Für und Wider zu unserer Frage vergegenwärtigt. Mit der Elle des Historischen gemessen, kann von uns Heutigen nicht bestritten werden, daß sich im Lauf der Jahrzehnte durch die gegenseitige Herausforderung von Christentum und Sozialismus Entscheidendes in Gang gesetzt hat. Das war für beide fruchtbringend. Viele Sozialdemokraten haben inzwischen einen Blick für Christus und die Grundwerte des Christentums bekommen. Vielen Christen ist ihre Verantwortung gegenüber der sozialen Frage aufgegangen.

Wenn auch uns – wie die Pioniere – ein innerstes Betroffensein bewegt, wenn wir bei allem Offensein für Wandlungen fest beim Unwandelbaren bleiben, dann kann sich dies nur zum Segen des Ganzen auswirken.

Christen sind zur Verwirklichung sozialer Gerechtigkeit gerufen. Auch in den Herausforderungen unserer Tage bleibt die Aufforderung Gottes richtungweisend: »Suchet der Stadt Bestes.«

Das Beste ist immer noch die Orientierung an Jesus Christus. Daraus leitet sich alles andere ab. Denn es bleibt wahr:

> Nicht Geld und Macht und Waffen bannen die Not.
> Nicht unsere Hände schaffen das Morgenrot.
> Nicht eher kommt auf Erden die neue Zeit,
> ehe wir nicht Menschen werden voll Ewigkeit.

Fremdwörter und Fachausdrücke

Administration = Verwaltung
Akkumulation = Anhäufung, besonders von > Kapital
Aktionär = Besitzer von Aktien, Teilhaber am Grundkapital einer Aktiengesellschaft
Anarchie = Gesetzlosigkeit; politischer Zustand, in dem Verfassung, Recht und Gesetz ihre Geltung verloren haben
Anarchismus = eine politische Lehre, die jede staatliche Gewalt und Ordnung ablehnt. Besondere Vertreter M. A. Bakunin und Kropotkin
Arbeiterbewegung = Bewegung, die auf Verbesserung der wirtschaftlichen, sozialen und politischen Lage der Arbeiter bedacht ist. Moderne A. entstand mit der Industrialisierung. A. hat drei Zweige: 1. die Gewerkschaftsbewegung, 2. die politische A., unterteilt in sozialistische und christliche (katholische und evangelische), 3. Arbeitergenossenschaftswesen bzw. das Konsumvereinswesen
Arbeitsproduktivität = bezeichnet den Nutzeffekt der produktiven Arbeit, wird gemessen an der Menge der Produkte oder an dem Zeitaufwand für die Produkte
Aristokratie = Herrschaft einer durch Geburt, Besitz oder Bildung bevorzugten Minderheit
Atheismus = Gottesleugnung, meist mit dem Materialismus verbunden
Aufklärung = geistige Strömung besonders des 18. Jahrhunderts mit hoher Einschätzung der Vernunft als Prinzip der Wissenschaft. Alles ist auf den Menschen bezogen, der optimistisch gesehen wurde

Bilanz = zusammenfassende Gegenüberstellung aller Vermögensteile eines Betriebs

Chauvinismus = gesteigerter, aggressiver, kriegerischer Nationalismus

Dialektik = nach marxistischem Verständnis die Lehre vom Zusammenhang und von der Entwicklung der Welt, die sich gesetzmäßig vollziehe. Der Gegensatz zur Dialektik sei die Metaphysik

Emanzipation = Gleichstellung, Gleichberechtigung Benachteiligter, rechtliche Befreiung einer Klasse oder Gruppe, z. B. Leibeigene, Frauen, Juden, Arbeiter. In der Pädogogik: Ausbildung einer selbstbewußten Persönlichkeit. Gegensatz: Anpassung
Empire = Bezeichnung für das Britische Weltreich
Entelechie = Prinzip der zielstrebigen Gestaltungskraft in der Materie. Von Aristoteles geprägter Begriff. In der gegenwärtigen Naturphilosophie ist E. eine »Wirkmächtigkeit, die nicht blind ist wie die physischen Naturkräfte, sondern die wie eine menschliche Handlung ist. Die E. ist etwas Reales . . ., von metaphysischer Realität«. Entelechie bezeichnet also die unkörperliche Bildekraft, die die angelegte Form zur Entwicklung treibt; durch sie gestaltet sich z. B. in und aus der Raupe der Schmetterling. E. weist über die Materie hinaus
Ethik = Sittenlehre. Gibt Antwort auf die Frage: Was soll ich tun?
ethisch = sittlich, von sittlicher Gesinnung bestimmt

Frankfurter Schule = bezeichnet das Institut für Sozialforschung und ihre kritische Theorie der Gesellschaft. Das Institut wurde 1923/24 gegründet. Maßgeblich daran beteiligt waren Max Horkheimer und Friedrich

Pollock. 1933 Ende der Tätigkeit in Deutschland. 1934 Wiedereröffnung in New York, seit 1949 wieder in Frankfurt. Mitarbeiter waren u. a. Th. W. Adorno, W. Benjamin, H. Marcuse und J. Habermas. Die Kritische Theorie der F. Sch. ist > neomarxistisch, besonders H. Marcuse

Hegemonie = Vormachtstellung, Vorherrschaft, Führung

Ideologie = Weltanschauung; in ein System gebrachte Anschauungen und Ideen. Früher im abwertenden Sinn als unfruchtbare Weltbetrachtung verstanden

immanent = innewohnend, auf das Diesseitige beschränkt. Gegensatz: transzendent

Imperialismus = Streben nach Erweiterung der politischen Macht und der Staatsgrenzen; Großmachts-, Weltmachtsbestrebung. Nach Lenin »letztes Stadium des Kapitalismus«. Philosophisch von Francis Bacon begründet

Imperium = Weltreich

Individualismus = in der Ethik: auf den einzelnen ausgerichtet. Gegensatz: > Kollektivismus

Indoktrination = Versuch, jemandem eine politische oder weltanschauliche Doktrin = Lehre einzuprägen und aufzunötigen

interpretieren = erklären, deuten, auslegen

Intervention = Einmischung, Eingreifen

Investition = Kapitalanlage, > Kapital investieren = anlegen; langfristige private oder öffentliche Anlage von Kapital zur Neuanschaffung oder Wiederherstellung z. B. von Maschinen

Jungsozialisten = Kurzwort: Jusos – politische Nachwuchsorganisation der SPD, z. Z. 300000, wollen eine sozialistische Gesellschaft durch radikale Reformen, aber unter Wahrung der freiheitlich-demokratischen Grundordnung

Kapital = 1. die Mittel zu einer Unternehmung; 2. volkswirtschaftlich: Güter, die dazu bestimmt sind, Erzeugung von anderen Gütern möglich zu machen. Zum Kapital gehören z. B. die Rohstoffe, Maschinen, Gebäude etc.

Kapitalismus = eine Wirtschaftsordnung, deren treibende Kraft das Gewinnstreben einzelner Personen ist, die über Kapitalvermögen verfügen und über die Produktion eigenmächtig bestimmen. Heute durch Mitbestimmung, Sozialpolitik und soziale Marktwirtschaft überholt

kategorischer Imperativ = unbedingter Befehl; nach der Ethik Kants schlechthin gültiges Gebot des Sittengesetzes

Koalitionsverbot = Verbot für die Arbeiterschaft, sich zu organisieren

Kollektivismus = weltanschauliche Auffassung, die nicht von den Einzelwesen, sondern von den Kollektivitäten – d. h. von Mehrheiten – ausgeht; führt in sozialistischen Staaten zur Vermassung und Entrechtung des einzelnen. Gegensatz: > Individualismus

konservativ = erhaltend, bewahrend

Kooperation = allgemeines Zusammenwirken; z. B. kooperative Schule

Krise = nach Marx: zyklische Krise = gesetzmäßig in bestimmten Zeitabständen wiederkehrende Wirtschaftsstörung und -krise im Kapitalismus

liberal = freiheitlich, freisinnig

liberalistisch = im > Kapitalismus: in ungehemmter Freiheit; führte zur Ausbeutung

Manipulation = Machenschaft, gesteuerte raffinierte Handhabung von etwas; »jemanden manipulieren«

Maxime = Grundsatz des Wollens und Handelns

Monopol = Alleinrecht, Alleinbeherrschung, z. B. eines Produktionszweiges

Neomarxismus = Sammelbegriff für die Weltanschauung auf der Grundlage des Marxismus nach dem 2. Weltkrieg, jedoch in Distanz zu den kommunistischen Parteien. Versucht Auseinandersetzung mit den gesellschaftlichen, wirtschaftlichen und politischen Fragen der Gegenwart. Vertreter aus Deutschland: Wolfgang Abendroth, Ernst Bloch, Robert Havemann, Leo Kofler, die > Frankfurter Schule; aus England: Maurice Dobb; aus Frankreich: André Gorz; aus Österreich: Ernst Fischer; aus Polen: Leszek Kolakowski

Neue Linke = zusammenfassende Bezeichnung für den > Neomarxismus nach dem 2. Weltkrieg. Dazu gehören auch die antiautoritären Bewegungen

Patriotismus = Vaterlandsliebe, verbunden mit der Achtung vor anderen Völkern

Produktion = Erzeugung, meist zur Gewinnerzielung ausgeübt

Produktionsfaktoren = die vier Grundelemente im Produktionsprozeß: Boden, Kapital, Arbeit, Unternehmertätigkeit

Produktionsmittel = Rohstoffe, Gebäude, Maschinen und Arbeitsgegenstände, mit denen der Mensch materielle Güter herstellt

Produktionsverhältnisse = Eigentumsverhältnisse; die wirtschaftlichen und gesellschaftlichen Verhältnisse im Produktionsprozeß. Nach Marx vollziehen sich dann revolutionäre Umwälzungen, wenn die P. zu den > Produktivkräften in Widerspruch stehen

Produktivkräfte = Bezeichnung für die Arbeitsmittel und für Menschen, die diese zur Produktion materieller Güter anwenden; also alles Potential (= Leistungsvermögen) nach wissenschaftlichem und techn. Entwicklungsstand

Profit = Nutzen, Kapital- und Unternehmergewinn

Rationalisierung = Senkung der Gestehungskosten durch technische Neuerungen

Revisionismus = gemäßigte Richtung innerhalb der Sozialdemokratie seit den 1890er Jahren, begründet von E. Bernstein; erstrebt allmähliche Besserstellung der Arbeiterschaft, nicht Revolution

Rezession = Beginn des Abschwungs im wirtschaftlichen Konjunkturverlauf; auch Nachlassen der Wachstumsrate der Volkswirtschaft

Technokrat = 1. jemand, der z. B. eine Behörde, eine Partei oder die Wirtschaft mit überlegenem Sachverstand beherrscht; 2. in abwertendem Sinn: jemand, dem reibungsloses Funktionieren seines Apparats Selbstzweck ist

Technokratie = Wirtschaftslehre, die eine Ausnutzung aller technischen Möglichkeiten zur Erhöhung des Lebensstandards einer Gesellschaft fordert

Wirtschaftsdemokratie = Bezeichnung für Wirtschaftsform aufgrund von Auffassungen darüber, wie die politische Demokratie mit ihren Mehrheitsbeschlüssen auf das Wirtschaftsleben übertragen werden kann, um so zu einem sozialistischen Wirtschaftssystem zu gelangen. Das Stichwort wurde populär durch eine i. J. 1931 erschienene Schrift, die im Auftrag der Gewerkschaften von F. Naphtali geschrieben wurde

Wirtschaftsliberalismus = wurde eingeleitet durch 1. Industrialisierung, 2. Aufklärung und 3. klassische englische Nationalökonomie (Vertreter: Adam Smith, 1723–1790, und David Ricardo, 1772–1823). W. bezeichnet eine Wirtschaftsauffassung, nach der die Wirtschaft sich selbst überlassen werden soll; keine gesetzlichen Eingriffe des Staates. Meinung: Uneingeschränkte Wirtschaft mit Wettbewerb führe zu allgemeinem Wohlstand. Erwies sich als Illusion. Führte zwar zu enormem wirtschaftlichen Aufschwung, aber auch durch Ungerechtigkeit zu Massenelend und Bildung des Proletariats

Sachverzeichnis

Personenverzeichnis

Literatur-Verzeichnis

(weiterführende Literatur)

Beck, Horst W.: Marxistischer Materialismus im Schafspelz der Wissenschaft.
96 S., Aussaat-Verlag, Wuppertal
Bochenski, I. M.: Die kommunistische Ideologie.
75 S., Bundeszentrale für Heimatdienst
Bochenski, I. M.: Die dogmatischen Grundlagen der sowjetischen Philosophie.
84 S., D. Reidel, Publishing Company Dordrecht
Bockmühl, Klaus: Herausforderungen des Marxismus.
125 S., Brunnen-Verlag, Gießen und Basel.
Bossle, Lothar: Soziologie des Sozialismus.
183 S., Hanstein-Verlag, Köln

Deresch, Wolfgang; Hsgb.: Der Glaube der religiösen Sozialisten.
219 S., Furche-Verlag, Hamburg

Gollwitzer, Helmut: Die marxistische Religionskritik und der christliche Glaube.
158 S., Siebenstern-Taschenbuch-Verlag, München
Grundsatzerklärung der Deutschen Kommunistischen Partei.
51 S., Düsseldorf

Kupsch, Wolfgang: Marx Mao Markuse.
52 S., Herbert Reich, Evangelischer Verlag, Hamburg

Lenin, Wladimir Iljitsch: Über die Religion.
99 S., Diez-Verlag, Berlin
Lochman, Jahn M.: Marx begegnen.
128 S., Gütersloher-Verlagshaus
Lyall, Leslie: Die Welt zu gewinnen.
102 S., Brunnen-Verlag, Gießen und Basel

Marx, Karl: Marx, Eine Auswahl aus seinen Werken.
637 S., Bertelsmann, Gütersloh
Marsch, Wolf-Dieter: Karl Marx fragt die Christen.
32 S., Jugenddienst-Verlag, Wuppertal-Barmen
Mao, Tse Tung: Vier philosophische Monographien.
153 S., Verlag für fremdsprachige Literatur, Peking
Mao, Tse Tung: Worte des Vorsitzenden Mao Tse Tung.
370 S., Verlag für fremdsprachige Literatur, Peking
Mehnert, Klaus: China nach dem Sturm.
340 S., Deutsche Verlags-Anstalt, Stuttgart
Müller, Emil-Peter: Juso-Sozialismus.
115 S., Deutsche Industrie-Verlags GmbH, Köln

Oestereich, Gerhard: Die Idee der Menschenrechte.
47 S., Colloquium-Verlag, Berlin

Ostermann, Eduard: Unsere Erde – ein junger Planet.
98 S., Hänssler-Verlag, Neuhausen-Stuttgart

Pachman, Ludek: Gott läßt sich nicht verdrängen.
128 S., Herder-Bücherei

Scheib, Manfred: Überleben – aber wie?
560 S., Miriam-Verlag, Jestetten
Schrey, Heinz Horst: Auseinandersetzung mit dem Marxismus.
78 S., Kreuz-Verlag, Stuttgart
Siegmund, Georg: Der Kampf um Gott.
514 S., Martin-Verlag, Buxheim
Sheen, Fulton: Der Kommunismus und das Gewissen der westlichen Welt.
244 S., Morus-Verlag, Berlin

Thesen des Düsseldorfer Parteitags der Deutschen Kommunistischen Partei.
63 S.

Wetter, Gustav Adolf: Ordnung ohne Freiheit.
39 S., Verlag Butzon und Berker, Kevelar

3. Auflage 830 000
(1977 in Holländisch,
1978 in Schwedisch)

GERHARD BERGMANN

Was habe ich vom Glauben?

TELOS-Sondertabu S 702, 64 S., bebildert, DM 1.–

»Fundierte Antworten auf diese vielgestellte Frage! Der einzelne, Jugend, Familie und Gesellschaft werden in die Überlegungen einbezogen. Zu den Folgerungen gehört auch der Hinweis, wie man zum Glauben finden kann.«

1. Auflage 50 000

GERHARD BERGMANN

Liebe – so und anders

Ein offenes und helfendes Wort

TELOS-Sondertabu S 809, 190 Seiten **nur** DM 3.80

Auszug aus dem Inhaltsverzeichnis:
»Das Verhältnis von Mann und Frau hat sich geändert. – Es gibt vier Arten von Liebe. – Ist die Ehe überholt? – Warum Ehen scheitern. – Wer sagt jungen Menschen die Wahrheit über Liebe und Treue . . .«

Erste Leserstimmen:
»Ein Buch, das auf Mißverständnisse und Fehlhaltungen von Liebe hinweist, aber auch Wege zur Verwirklichung von echter Liebe zeigt.« Dipl.-Ing. D. W., Hamburg

»Dieses Buch ist eine Ermutigung.«
Lehrerin G. H., Dortmund

Auflagenhöhe 120 000

GERHARD BERGMANN

Was kommt auf uns zu?

TELOS-Sondertabu S 802, 168 Seiten – **nur** DM 2.80

»In diesem höchst aktuellen Buch greift Pfarrer Dr. Bergmann die Frage der Endzeit auf . . . Ein atemberaubendes Buch . . . Wir können nur wünschen, daß dieses Buch den Weg in jede Familie unseres Volkes findet.«
E. P. in »Philadelphia – Kreuz und Reich«

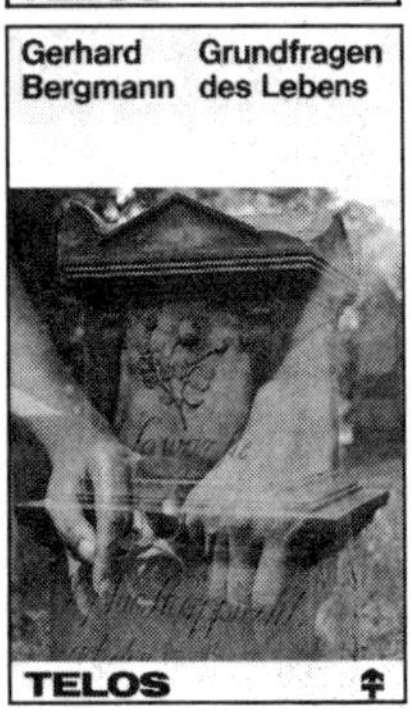

Auflagenhöhe 70 000

GERHARD BERGMANN

Grundfragen des Lebens

TELOS-Sondertabu S 806, 75 Seiten – DM 2.80

Es geht in dieser Schrift um die vier Fragen:
»Hat das Leben einen Sinn?«
»Beten – als moderner Mensch?«
»Tod – Endstation oder Durchgang?«
»Wie werde ich Christ?«

In der TELOS-Paperbackreihe erschienen folgende Titel

1004 Wilder Smith
Ist d. ein Gott d. Liebe?
1005 Fritz Hubmer
Im Horizont leuchtet . . .
1011 Otto Riecker
Herausforderung an . . .
1012 Watchman Nee
Freiheit für den Geist
1013 Anny Wienbruch
Der Leibarzt des Zaren
1016 Norbert Fehringer
Thema: Frömmigkeit
1017 Fritz May
Der verfälschte Jesus
1021 Ruth Frey
Arbeit unter Kindern
1023 Oswald Smith
Ausrüstung mit Kraft
1024 Erich Schnepel
Das Werk Jesu in uns . . .
1026 Anny Wienbruch
Im Schatten der Zaren
1027 Watchman Nee
Zwölf Körbe voll, Bd. 2
1029 Werner Krause
Freuet euch allewege
1030 Hel. Good Brenneman
Und doch nicht vergess.
1031 Anny Wienbruch
Unt. d. rot. Sonnensch.
1032 Helmut Ludwig
Die Welt horcht auf
1035 G. R. Brinke
Jenseitiges u. Zukünft.
1036 Elli Kühne
Da bewegte s. d. Stätte
1039 Alfred Christlieb
Ich freue mich ü. d. Wort
1041 Lon Woddrum
Liebe hofft immer alles
1042 Horst Marquardt
Die Sprache der Gräber
1043 Werner Krause
M. Brüder – d. Indianer
1045 Otto Riecker
Bildung u. Heiliger Geist
1046 Joyce Landorf
Seine beharrliche Liebe
1048 Anny Wienbruch
Ein Leb. f. Gustav Adolf
1049 Werner Krause
Keinen Raum . . .
1050 Georg R. Brinke
Die Symbolik d. Stiftsh.
1051 Alfred Kuen
Gem. n. Gottes Bauplan
1053 Jill Renich
Den Ehemann verstehen
1054 Alfred Christlieb
Ich suche, Herr . . .
1055 Wilfried Reuter
. . . und bis ans Ende . . .
1056 H. und G. Taylor
D. geistl. Geheimnis . . .
1057 Ulrich Affeld
Unter der Treue Gottes
1058 John F. u. E. Walvoord
Harmagedon, Öl . . .
1059 Heinrich Jochums
Was haben wir an Jesus
1060 Erich Beyreuther
Der junge Zinzendorf
1061 Herbert Masuch
Handbuch . . .
1062 Anny Wienbruch
Die fröhliche Familie
1064 Anny Wienbruch
Das sonnige Haus
1065 Anny Wienbruch
Sie waren mir anvertraut
1070 C. H. Spurgeon
Ratschläge für . . .
1071 Elsbeth Walch
Tante Lydia w. schon . . .
1072 Elsbeth Walch
Zum Glück gibt's . . .
1073 Richard Kriese
Okkultismus
1074 Alfred Christlieb
Der Apostel Paulus
1075 H. E. Nissen
. . . und der Geist schrie
1076 Eduard Ostermann
Zukunft ohne Hoffnung?
1078 James M. Boice
Die letzte und die zukünftige Welt
1079 L. A. T. Van Dooren
Menschen fischen – persönl. Engagement
1080 Anny Wienbruch
Ein König wird frei
1082 Watchman Nee
Der geistliche Christ I
1083 Watchman Nee
Der geistliche Christ II
1084 Watchman Nee
Der geistliche Christ III
1085 Alfred Christlieb
Vollmacht von oben
1087 Kurt Scherer
Mit Streß leben
1088 Gien Karssen
Frau, Mensch und Mutter in der Bibel
1092 Billy Graham
Engel – Gottes Geheimagenten
1095 F. F. Bruce
Die Glaubwürdigkeit der Schriften des N. T.
1097 Heinrich Jochums
In Jesus haben wir alles
1098 Michael Bourdeaux
. . . und die Ketten . . .
1099 A. W. Tozer
Gott liebt keine . . .
1100 Watchman Nee
In Hingabe leben
1101 Watchman Nee
Das Bekenntnis
1102 Watchman Nee
Das Zusammenkommen
1103 Watchman Nee
Christus unser Leben
1104 Watchman Nee
Zur Ehre Gottes leben
1105 Watchman Nee
Gemeinschaft der Liebe
1106 A. E. Stückelberger
Bibel, Kind und wir
1107 Michael Griffiths
Mit beiden Beinen auf der Erde
1108 William Sanford LaSor
Menschen, die Christus kannten
1110 Richard W. Haan
Die Wahrheit über Gott
1111 Ernst Modersohn
Durch den Glauben
1112 E. M. u. D. A. Blaiklok
Warum hat mir das keiner gesagt?
1113 Tim Timmons
Ehe nach Gottes Plan
1114 Jakob Kroeker
Es gibt ein Volk . . .
1116 Volkmann/Woyke
D. Anruf d. Evangeliums
1117 Neil R. Lightfoot
Die Bibel – Entstehung u. Überlieferung
1118 Martin Schacke
Die Abschiedsreden . . .
1119 Dwight L. Carlson
Leben und nicht müde werden
1122 George W. Peters
Evangelisation: total . . .
1124 Georg Huntemann
Am Anfang die Wahrheit
1126 Winrich Scheffbuch
Wer Jesus hat . . .
1128 Eduard Ostermann
Unsere Erde – ein junger Planet
1130 Fritz May
So wird das Leben schöner
1131 George Sweeting
Handbuch der Liebe
1132 James Kennedy
Dynamische Evangelisation
1133 Jeanette Lockerbie
Die zweite Lebenshälfte
1134 Joyce Landorf
Sein unermesslicher Reichtum
1135 Willi Buchwald
Israel und die Zukunft der Welt
1139 C. Schulte-Übbing
Bibl. Sachkonk. zu Fragen der Endzeit
1140 Lienhard Pflaum
Kampf, Anbetung, Überwindung
1142 Dwight L. Carlson
So erkenne ich den Willen Gottes
1143 Kurt Scherer
Mein Gott, mein Gott . . .
1145 Patrick J. St. G. Jonstone
Gebet für die Welt
1146 Gerhard Bergmann
Christentum und Sozialismus
1147 Armin Mauerhofer
Jesus, der Zugang zu allem
1148 Armin Mauerhofer
Jesus, meine Kraft . . .
1150 Frances Hunter
Abnehmen . . .
1151 Spiros Zodhiates
Leben nach dem Tod?!